A terceira
───────────

Teoria de lalíngua

Campo Freudiano no Brasil

Coleção dirigida por Judith (*in memoriam*) e Jacques-Alain Miller

Assessoria brasileira: Angelina Harari

Jacques Lacan
Jacques-Alain Miller

A terceira

Teoria de lalíngua

Tradução:
Teresinha N. Meirelles do Prado

Copyright © 2021 by Navarin Éditeur

Grafia atualizada segundo o Acordo Ortográfico da Língua Portuguesa de 1990, que entrou em vigor no Brasil em 2009.

Título original
La troisième; Théorie de lalangue

Capa
Fernanda Ficher

Imagem de capa
Sem título, 2022, da série Impressão de Objetos, de Mirella Marino.
Monotipia com tinta offset sobre papel japonês, 21 × 26 cm. Coleção da artista.

Preparação
Angela Ramalho Vianna

Revisão técnica
Angelina Harari

Revisão
Bonie Santos
Nestor Turano Jr.

Dados Internacionais de Catalogação na Publicação (CIP)
(Câmara Brasileira do Livro, SP, Brasil)

Lacan, Jacques, 1901-1981
  A terceira ; Teoria de lalíngua / Jacques Lacan, Jacques-Alain Miller ; tradução Teresinha N. Meirelles do Prado. — 1ª ed. — Rio de Janeiro : Zahar, 2022.

> Título original : La troisième ; Théorie de lalangue.
> ISBN 978-65-5979-094-4

  1. Lacan, Jacques, 1901-1981 2. Psicanálise 1. Miller, Jacques-Alain 11. Título 111. Título : Teoria de lalíngua.

22-132360   CDD: 150.195

Índice para catálogo sistemático:
1. Lacan, Jacques : Psicanálise   150.195

Cibele Maria Dias – Bibliotecária – CRB-8 / 9427

[2022]
Todos os direitos desta edição reservados à
EDITORA SCHWARCZ S.A.
Praça Floriano, 19, sala 3001 — Cinelândia
20031-050 — Rio de Janeiro — RJ
Telefone: (21) 3993-7510
www.companhiadasletras.com.br
www.blogdacompanhia.com.br
facebook.com/editorazahar
instagram.com/editorazahar
twitter.com/editorazahar

Sumário

Circunstâncias, *Jacques-Alain Miller*　7

A terceira, *Jacques Lacan*　9

Comentário sobre *A terceira, Jacques-Alain Miller*　63

Teoria de lalíngua, *Jacques-Alain Miller*　75

Circunstâncias

POR QUE *A TERCEIRA*? Porque é a terceira vez que Lacan toma a palavra em Roma, cidade que, depois de Freud, ele exalta, para reavivar a chama da psicanálise. A primeira vez foi em 1953: "Função e campo da fala e da linguagem em psicanálise", texto inaugural em que ele situa as bases de seu ensino, afrontando com valentia a *ego psychology*, forma equivocada da psicanálise então dominante no mundo. Depois disso a Associação Psicanalítica Internacional (IPA), fundada por Freud, efetivamente caiu nas mãos de praticantes infiéis à sua inspiração.

O segundo ato se situa em 1967: em "A psicanálise, razão de um fracasso", texto mais breve e amargo, em que ele condena a interrupção do pensamento psicanalítico e confessa sua decepção por ter falhado em despertá-la, visando primeiramente a Escola que ele mesmo fundou, a Escola Freudiana de Paris.

Na terceira vez, em 1974, por ocasião de um congresso da Escola, ele dá a grande conferência aqui reproduzida, na qual renova seu próprio ensino, introduzindo conceitos ausentes da vulgata que traiu sua orientação: é hora de *la-língua*, do gozo, do nó borromeano.

Eu estava presente. Com efeito, voltei à Escola Freudiana de Paris após meus anos *mao* (1968-71) e um entreato de dois anos durante o qual redigi *Os quatro conceitos fundamentais da psicanálise* e retomei meu lugar no Departamento de Psicanálise de Vincennes.

No dia seguinte a *A terceira*, fiz na tribuna do congresso um "pronunciamento" que foi publicado no primeiro número do pequeno boletim que criei em Vincennes, *Ornicar?*. Como acabara de descobrir com consternação que a Escola já não seguia verdadeiramente a orientação lacaniana, não poupei seus membros e ao mesmo tempo celebrei solenemente Lacan. Na sequência, expliquei um dos novos conceitos que ele traz. Ao reler esse texto hoje, vejo que se trata ao mesmo tempo de uma provocação e de um manifesto. As intervenções que sucederam a minha me questionaram: eu procurei. Lacan desliza para trás da minha cadeira, coloca a mão em meu ombro direito e diz: "Você não se mexa, está bem?". Ele não queria ondas. Não me mexi.

Mas a verdade que eu havia percebido viria à tona cinco anos mais tarde: com a dissolução da Escola Freudiana e a criação de uma nova Escola. Com a morte de Lacan em 1981, outra história começa, o mesmo combate continua.

JACQUES-ALAIN MILLER

A terceira

JACQUES LACAN

Intervenção no VII Congresso da Escola
Freudiana de Paris

Roma, 1º de novembro de 1974

Publicado na *Revue de la Cause freudienne*, n. 79, pp. 11-33, 2011. Texto estabelecido por Jacques-Alain Miller (ver observações às pp. 61-2).

A TERCEIRA. Ela retorna, é sempre a primeira, como diz Gérard de Nerval. Faremos objeção a que isso faça disco?*

Por que não, se isso diz isto?

É preciso ainda ouvi-lo, por exemplo, como o *Diz-co-urso de Roma*.**

Se injeto assim uma ponta a mais de onomatopeia em *lalíngua*, isso não quer dizer que esta não esteja à altura de me retorquir dizendo que não existe onomatopeia que não se especifique previamente por seu sistema fonemático, em *lalíngua*.

Vocês sabem que, para o francês, Jakobson a calibrou — é grande assim [Lacan aponta com o dedo a palma de sua

---

* Em francês, *disque* (disco) é homofônica a *dit ce que* (diz isto, ou diz o que). Todas as notas de rodapé são da tradução. Agradeço a Irène Fenoglio a interlocução sobre algumas expressões e trocadilhos específicos do idioma francês.

** Lacan acrescenta outra homofonia, entre *disque-ours* (disco-urso), *dit ce qu'ours* (diz socorro, diz que urso) e *discours* (discurso), fazendo referência ao "Discurso de Roma", redigido por ele em 1953 e publicado nos *Escritos* com o título "Função e campo da fala e da linguagem em psicanálise". O som /ur/ também remete ao prefixo alemão *Ur-*, que se liga à ideia de "originário" e foi muito utilizado por Freud.

mão]. Em outras palavras, é por ser francês que o *Discurso de Roma* pode ser ouvido como *Diz-co-urd'roma*.*

Atenuo isso ao destacar que *urd'roma* é um ronrom que outras *lalínguas* admitiriam, se agrado às orelhas de alguns de nossos vizinhos geográficos, o que se extrai naturalmente do jogo da matriz** de Jakobson que especifiquei há pouco.

Como não devo falar por muito tempo, vou lhes dar uma coisa.

Esse *urd'roma* simplesmente me permite colocar a voz sob a rubrica dos quatro objetos por mim chamados de *a*, quer dizer, tornar a esvaziá-la da substância que poderia haver no ruído que ela faz, ou seja, recolocá-la na conta da operação significante, aquela que especifiquei pelos chamados efeitos de metonímia. De tal modo que, a partir disso, a voz está livre, como se diz, livre de ser outra coisa além de substância.

Mas é outro delineamento que pretendo indicar ao introduzir a minha *Terceira*.

---

* Se juntássemos os jogos de palavras feitos com *Discours de Rome*, então teríamos algo como: "O [texto] originário de Roma diz isto".
** Nessa expressão aparece outro jogo de palavras entre *matrice* (matriz) e *maîtrise* (domínio).

A terceira   13

Penso, logo *go(z)sou**

A onomatopeia que me ocorreu de maneira um pouco pessoal me favorece — bate na madeira! — com o fato de que o ronrom é sem dúvida o gozo do gato. Se isso se passa em sua laringe ou em outro lugar, não faço ideia. Quando os acaricio, parece vir do corpo inteiro, e é isso que me permite entrar no ponto do qual quero partir.

Parto daí. Isso não lhes dá necessariamente a regra do jogo, mas ela virá depois. *"Penso, logo Se goza".* Isso rejeita o "logo" usual, aquele que diz "Eu *go(z)sou".*

Faço aqui uma pequena brincadeira. "Rejeitar" deve ser entendido aqui como o que eu disse acerca da foraclusão — rejeitado, o *go(z)sou* reaparece no real.

Isso poderia passar por um desafio na minha idade, na qual havia três anos, como se diz às pessoas, jogando-lhes na cara, Sócrates estava morto. Mas, ainda que eu *defuntasse* em seguida — isso poderia me acontecer, aconteceu com Merleau-Ponty, assim, na tribuna —, Descartes jamais ouviu dizer, através de seu *go(z)sou*, que ele gozava a vida. Não se trata disso de modo algum. Que sentido tem isso, seu *go(z)sou*? Exatamente o meu tema específico, o *Eu* [*Je*] da psicanálise.

---

* No original: *Je pense, donc je souis.* Jogo de palavras com a famosa expressão cartesiana, entre as expressões *"je suis"* (sou) e *"je jouis"* (gozo).

Naturalmente, ele não sabia disso, pobrezinho. Ele não sabia, é claro, é preciso que eu o interprete nele — é um sintoma. Pois, antes de concluir que ele segue* — segue o quê? A música do ser, sem dúvida —, a partir do que será que ele pensa? Ele pensa sobre o saber da Escola, com o qual os jesuítas, seus mestres, lhe encheram os ouvidos. Ele constatou que era superficial.

Certamente ele teria sido mais bem-sucedido se vislumbrasse que seu saber ia muito mais longe do que ele acreditava, depois da Escola. O clima começa a esquentar, se posso dizer, pelo simples fato de que ele fala, pois, ao falar lalíngua, ele tem um inconsciente, e é miserável, como cada um que é digno de respeito. É o que eu chamo de um saber impossível de ser reintegrado pelo sujeito, enquanto este, o sujeito, só tem um significante que o representa diante desse saber. É um representante comercial, vamos dizer assim, com esse saber — saber constituído, para Descartes, como era de uso na sua época, por sua inserção no discurso em que nasceu, quer dizer, aquele que chamo de discurso do mestre, o discurso do fidalgote. É exatamente por isso que ele não se sai bem com seu *Penso, logo go(z)sou*.

---

* Aqui Lacan faz mais um trocadilho, entre *suis, je suis* (sou) e *suit, il suit* (ele segue).

A terceira

Ainda assim, é melhor do que o que diz Parmênides. A opacidade da conjunção do *noeïn* e do *eïnaï*, do pensamento e do ser, ele não se sai bem com ela, esse pobre Platão. Sem ele, o que saberíamos de Parmênides? Mas isso não impede que tenha se saído mal. Se ele não nos transmitisse a histeria genial de Sócrates, o que é que se extrairia dele? Durante essas pseudoférias eu me debrucei sobre *O sofista*. Devo ser sofista demais, provavelmente, para que isso me interesse. Deve haver ali algo em que emperrei. Não aprecio isso. Faltam-nos coisas para apreciar, falta-nos saber o que era o sofista naquela época, falta-nos o peso da coisa. Voltemos ao sentido do *go(z)sou*.

Não é simples o que, na gramática tradicional, se coloca na qualidade de conjugação de certo verbo "ser". Em latim, todo mundo percebe isso — *fui* não se soma a *sum* —, sem contar o resto do bricabraque. Passo-o a vocês. Passo-lhes tudo o que aconteceu quando os nativos, os gauleses, tiveram de se virar com isso — eles fizeram o *est* deslizar para o lado do *stat*. Aliás, não foram os únicos: na Espanha me parece que aconteceu a mesma coisa. A *linguisteria* se livra de tudo isso como pode. Não vou agora repetir-lhes o que faz a festa de nossos estudos clássicos.

Não obstante possamos nos perguntar qual carne esses seres — que são inclusive seres de mito, mitemas, nós os inventamos propositalmente — cujo nome escrevi no quadro-negro, os *Undoisropeus*,* poderiam colocar em sua cópula. Em qualquer outro lugar, além de nossas línguas, qualquer coisa serve de cópula.** Eles colocavam ali algo como a prefiguração do Verbo encarnado, diremos isto — aqui! [A sala de Santa Cecília contém vários símbolos.] Isso me chateia. Acreditaram que me agradariam ao trazer-me a Roma, não sei por quê, há lugares demais para o Espírito Santo. O que é que o Ser tem de supremo senão por meio dessa cópula?

Eu me diverti ao interpor aí o que se chama de pessoas, e cheguei a uma coisa que me agradou: *m'es-tu me, mais tu me tues* — isto é um enrosco —, *m'aimes tu?* me-me*** Na realidade, é o mesmo troço, a história da mensagem que cada um recebe de forma invertida. Digo isso há bastante tempo, e já provocou muitos risos.

Na verdade, é a Claude Lévi-Strauss que devo essa expressão. Ele se virou para uma de minhas excelentes amigas,

---

* No original, *Undeuxropéens*, um trocadilho com a expressão "indo--europeus".

** Cópula, além da acepção corrente de ato sexual, designa os verbos de ligação em uma frase.

*** Dois jogos de palavras com grafias diferentes, mas de sonoridade muito próxima, sem correspondência exata em português: *m'es-tu me, mais tu me tues* (a tradução literal dessa primeira expressão seria: "Me és tu mim, mas tu me matas"); e a expressão seguinte, continuando o jogo homofônico, *m'aimes tu? me-me?* ("Tu me amas? Mas me matas? Mesmo? Me amas?"). As duas expressões estão em continuidade e aproximam "eu", "tu", "o mesmo", "mesmo", "amar" e "matar".

A terceira 17

que é sua mulher — Monique, para chamá-la pelo nome —, e lhe disse, a respeito do que eu falava, que era isso, que cada um recebia sua mensagem de forma invertida. Monique me contou. Eu não poderia encontrar fórmula mais feliz para o que eu queria dizer naquele momento. Mesmo assim, foi ele quem a deu para mim. Vejam que me approprio do meu bem onde o encontro.

Passo para outros tempos, nas escoras do pretérito imperfeito, "Eu era". — Ah, o que é que tu e(sco)ras?* — e depois, o resto. O subjuntivo é divertido. "Que seja!" — Casualmente, assim... Passemos adiante, pois é preciso que eu avance.

Descartes, por sua vez, não se engana quanto a isso — Deus é o dizer. Ele vê muito bem o *Deuzer*, é o que faz a verdade ser, o que decide a respeito, que está no comando. Basta *deuzer* como eu. É a verdade, não há como fugir dela. Se Deus me engana, dane-se, é a verdade pelo decreto do *deuzer*, a verdade áurea.

Faço aí algumas observações sobre pessoas que carregaram a crítica até o outro lado do Reno para acabar beijando o traseiro de Hitler. Isso me faz ranger os dentes.

---

* Em francês, "escora", "alicerce", é *étayage*. O verbo ser na segunda pessoa do singular do modo imperfeito (equivalente ao pretérito imperfeito em português) se conjuga de forma homofônica a alicerce: *tu étaies*. Desse modo, o "tu eras" se aproxima de "tu escoras".

Isso é o número um. Então, agora, o simbólico, o imaginário e o real.

O simbólico, o imaginário e o real

O inaudito é que isso tenha feito sentido — e feito sentido assim, de qualquer jeito. Nos dois casos, foi por minha causa, do que chamo de vento — que sinto que não posso sequer prever —, o vento com o qual se inflam as velas em nossa época.

É evidente que não falta sentido para isso no início. É nisso que consiste o pensamento — palavras introduzem no corpo algumas representações imbecis.

Aí está, vocês têm a coisa — vocês têm aí o imaginário, que além do mais nos regurgita [*rend gorge*]. Isso não quer dizer que ele nos emproa [*rengorge*]. Ele nos *revomita* [*re--dégueule*]. Como é que é? — assim, casualmente, uma verdade, uma verdade a mais. É o cúmulo.

Que o sentido se aloje no imaginário, isso nos dá, ao mesmo tempo, os dois outros como sentido. O idealismo, cuja imputação todos repudiaram, está por trás. As pessoas só pedem isso. Isso as interessa, uma vez que o pensamento é o que há de mais cretinizante, ao agitar o guizo do sentido.

A terceira

Como tirar-lhes da cabeça o emprego filosófico de meus termos, quer dizer, seu emprego chulo — quando, por outro lado, é preciso que ele entre? Mas seria melhor que entrasse alhures. Vocês imaginam que o pensamento se mantém nos miolos. Não vejo por que os dissuadir disso. De minha parte, estou certo — certo assim, isso é comigo — de que ele se mantém no músculo subcutâneo da testa, no ser falante exatamente como no ouriço.

Adoro os ouriços. Quando vejo um, coloco-o em meu bolso, em meu lenço. Naturalmente ele mija — até que o ponho sobre a grama em minha casa de campo. E então adoro ver se produzir esse dobramento dos músculos subcutâneos da testa, e em seguida, assim como nós, ele se enrola como uma bola.

Se vocês podem pensar com os músculos subcutâneos da testa, podem também pensar com os pés. E é aí que eu gostaria que a coisa entrasse — pois afinal de contas o imaginário, o simbólico e o real são feitos para que aqueles desse tropel que me segue possam trilhar o caminho da análise.

Essas rodinhas de barbante cujos desenhos eu me extenuei ao tentar traçar para vocês, não se trata de fazer ronrom para elas. Isso teria que lhes servir, e justamente no andamento de que eu lhes falava este ano — que sirva para que vocês distingam a topologia que isso define.

Esses termos não são tabus. O que é preciso é que vocês os captem. Eles estão aí desde antes daquela que implico ao dizê-la *Primeira*: a primeira vez em que falei em Roma. Depois de ter cogitado bastante, eu os saquei, esses três, muito cedo, muito antes de me haver colocado em meu primeiro *Discurso de Roma*. Que esses termos sejam as rodinhas do nó borromeano, ainda assim não é motivo para que vocês tropecem aí. Não é isso que chamo de "pensar com seus pés".

Do ser ao semblante

Tratar-se-ia de vocês deixarem aí — falo dos analistas — algo muito diferente de um membro, a saber, esse objeto insensato que especifiquei pelo *a*.

É isso que se apanha na fixação do simbólico, do imaginário e do real como nó. É ao pegá-lo em cheio que vocês poderão responder ao que é sua função — oferecê-lo como causa de seu desejo a seu analisante.

É o que cabe obter. Mas se vocês metem a pata nisso, também não é terrível. O importante é que isso seja feito às suas custas.

Depois desse repúdio ao *go(z)sou*, vou me divertir em dizer-lhes que esse nó, é preciso sê-lo. E acrescento o que

A terceira

vocês sabem acerca dos quatro discursos, a partir do que articulei durante um ano sob o título *O avesso da psicanálise* — não é menos verdade que, do ser, é preciso que vocês somente façam o semblante. Isso é sábio! É tanto mais sábio que não basta ter uma ideia a seu respeito para dele fazer semblante. Não imaginem que eu tenha tido dele alguma ideia. Escrevi objeto *a*. É completamente diferente. Isso o aparenta com a lógica, quer dizer, torna-o operante no real como o objeto do qual justamente não há ideia. É preciso dizer que o objeto do qual não há ideia era até agora um furo em qualquer que fosse a teoria.

Isso justifica as reservas com relação ao pré-socratismo de Platão que manifestei há pouco. Não é que ele não tenha tido o sentimento disso, pois o semblante, ele aí se deleita sem saber. Isso o obsedia, ainda que não o saiba. Isso quer dizer apenas uma coisa: é que ele o sente, mas não sabe por que é assim. Disso decorre esse *insuporte*, esse insuportável que ele propaga.

Não há um discurso sequer no qual o semblante não comande o jogo. Não vejo por que o mais recente, o discurso analítico, escaparia a isso. Mesmo assim, não é uma razão para que, nesse discurso, sob o pretexto de que é o mais recente, vocês se sintam pouco à vontade, a ponto de fazer dele, segundo o uso no qual se enfiam seus colegas da Internacional, um semblante mais semblante que natureza, exposto.

Contudo, lembrem-se de que o semblante daquele que fala, como tal, está sempre lá, em qualquer espécie de discurso que o ocupe. Ele é mesmo uma segunda natureza. Então, sejam mais descontraídos, mais naturais, quando receberem alguém que venha lhes demandar uma análise. Não se sintam forçados a dar-se ares de importância. Mesmo como bufões, vocês estão justificados de sê-lo. Basta ver minha *Televisão*. Eu sou um *clown*. Tomem isso como exemplo e não me imitem! O sério que me anima é a série que vocês constituem, vocês não podem ao mesmo tempo pertencer e ser.

Sobre o real

O simbólico, o imaginário e o real são o enunciado do que realmente opera na sua fala quando vocês se situam a partir do discurso analítico, quando, analistas, vocês são. Mas esses termos só emergem realmente para e por esse discurso. Não tive de colocar aí intenção, também eu só fiz seguir. O que não quer dizer que não esclareça os outros discursos, mas também não os invalida.

O discurso do mestre, por exemplo: sua finalidade é que as coisas caminhem no passo de todos. Bom, isso não é de modo algum a mesma coisa que o real, pois este, justamente, é o que não caminha, é o que cruza a frente da charrete — e mais, o que não cessa de se repetir para impor um entrave a essa marcha.

Eu o disse, inicialmente, sob esta forma: "O real é o que retorna sempre ao mesmo lugar". A ênfase deve ser colocada no "retorna". É o lugar que ele descobre, o lugar do semblante. É difícil instituí-lo meramente a partir do imaginário, como a noção de lugar parece inicialmente implicar. Felizmente nós temos a matemática topológica para nos dar um suporte. É o que estou tentando fazer.

Em um segundo momento, ao definir esse real, foi como o impossível de uma modalidade lógica que busquei demarcá-lo. Suponham que efetivamente não houvesse nada de impossível no real — os cientistas fariam uma careta, e nós também. Mas quanto caminho foi preciso percorrer para se ver isso! Durante séculos acreditou-se que tudo era possível.

Talvez alguns dentre vocês tenham lido Leibniz. Ele só se saía bem por meio do *compossível*. Deus havia feito o melhor que podia, era preciso que as coisas fossem possíveis juntas. O que há de conglomerado e mesmo de manobra por trás disso tudo não é imaginável.

Talvez a análise nos leve a considerar o mundo como o que ele é: imaginário. Isso só pode ser feito ao reduzir a função dita de representação, ao situá-la ali onde ela está, ou seja, no corpo.

Há muito tempo suspeita-se disso. É mesmo nisso que consiste o idealismo filosófico. O idealismo filosófico chegou a esse ponto. Só que, enquanto não havia ciência, só se podia circundá-la, não sem deixar uma pontinha — resignando-se, eles esperavam os sinais do além, do númeno, que é como chamam isso. É por isso que havia sempre algum bispo envolvido no assunto, o bispo Berkeley especialmente, que em sua época era imbatível, e isso era muito conveniente.

O real não é o mundo. Não há nenhuma esperança de alcançar o real por meio da representação. Não vou me meter a arguir aqui a teoria dos quanta, nem da onda e do corpúsculo. Mesmo assim, é melhor que vocês estejam informados a respeito, ainda que isso não lhes interesse. Mas coloquem-se a par por si próprios, basta abrir alguns livrinhos de ciência.

Ao mesmo tempo, o real não é universal, o que quer dizer que ele só é *todo* no sentido estrito de que cada um de seus elementos seja idêntico a si mesmo, mas sem se poder dizer *pantes, todos*. Não há "todos os elementos", há apenas conjuntos a se determinar em cada caso — e não vale a pena acrescentar "é tudo". Meu S_1 tem apenas o sentido

A terceira

de pontuar esse algo, esse significante — letra que escrevo como S_1 — que só se escreve ao fazê-lo sem nenhum efeito de sentido. Em suma, é o homólogo do que acabo de dizer--lhes sobre o objeto a.

Quando penso que me diverti por um momento a brincar com esse S_1 — que elevei à dignidade do significante Um — e o a, enlaçando-os por meio do número de ouro! Essa vale por mil! Quero dizer que isso adquire o alcance de escrevê-lo. De fato, era para ilustrar a vanidade de todo coito com o mundo, quer dizer, do que até aqui se chamou de conhecimento. Pois não há nada mais no mundo além de um objeto a — bosta ou olhar, voz ou teta —, que refende o sujeito, caracteriza-o nesse dejeto que *ex-siste* ao corpo.

Para fazer semblante dele é preciso talento. É particularmente difícil. É mais difícil para uma mulher do que para um homem, ao contrário do que se diz. Que a mulher seja objeto a do homem, no caso, isso não quer dizer de modo algum que ela goste de sê-lo. Mas, enfim, acontece. Acontece de ela parecer-se com isso naturalmente. Não há nada mais parecido com uma bosta de mosca do que Anna Freud. Isso deve lhe servir.

Sejamos sérios. Voltemos ao que estou tentando fazer.

O sintoma vem do real

Tenho que sustentar esta *Terceira* pelo real que ela comporta, e é por isso que lhes coloco a questão acerca da qual vejo que as pessoas que falaram antes de mim conjecturam um pouco. Não apenas conjecturam, mas até falaram disso — que elas o tenham dito indica que têm um pressentimento a respeito. A psicanálise é um sintoma? Vocês sabem que quando faço perguntas é porque tenho a resposta. Mas, enfim, contudo, seria melhor que fosse a resposta certa.

Chamo de sintoma o que vem do real. Isso se apresenta como um pequeno peixe cuja boca voraz só se fecha ao se colocar sentido entre os dentes. Então, das duas uma. Ou isso o faz proliferar — "Crescei e multiplicai-vos", disse o Senhor. Esse emprego do termo "multiplicação" é mesmo algo um pouco forte, que deveria nos fazer titubear, pois o Senhor sabe o que é uma multiplicação, não se trata da proliferação do peixinho. Ou então, ele padece disso.

O que seria melhor, e aquilo em relação a que deveríamos nos esforçar, é que o real do sintoma padecesse. E aí está a questão: como fazer?

Em uma época na qual eu me espalhava em diversos serviços de medicina — não vou nomeá-los, ainda que faça

A terceira

alusão a eles no papel, e isso será impresso, é preciso que eu pule um pouco — para tentar fazer entender o que era o sintoma, eu não o dizia exatamente como agora, mas mesmo assim — talvez seja um *Nachtrag* — acho que já o sabia, embora não tivesse ainda feito surgir o imaginário, o simbólico e o real.

O sentido do sintoma não é aquele com o qual o nutrimos para sua proliferação ou extinção. O sentido do sintoma é o real, na medida em que ele se põe de través para impedir que as coisas caminhem, no sentido de que elas garantam a si mesmas de modo satisfatório — satisfatório pelo menos para o mestre, o que não quer dizer que o escravo sofra com isso de algum modo, longe disso.

O escravo, por sua vez, é sossegado, muito mais do que imaginamos. É ele quem goza, ao contrário do que diz Hegel, que mesmo assim deveria dar-se conta disso, pois é justamente por esse motivo que o escravo se submete ao mestre. Então, Hegel ainda lhe promete o futuro — ele está empanturrado!

Isso também é um *Nachtrag*, mais sublime do que em meu caso, se posso dizer, pois prova que o escravo tinha a felicidade de já ser cristão no tempo do paganismo. É evidente, mesmo assim é curioso. Realmente, aí está o benefício total. Tudo para ser feliz! Nunca mais se encontrará isso.

28   A terceira | Teoria de lalíngua

Agora que não há mais escravos, estamos reduzidos a sorver o quanto podemos das comédias de Plauto e Terêncio para termos uma ideia do que eles eram exatamente. Estou me desviando. Contudo, não o faço sem deixar de perder a corda/o acorde [*la corde*] do que esse desvio prova.

A psicanálise é um sintoma

O sentido do sintoma depende do futuro do real — portanto, conforme eu disse na conferência para a imprensa, do sucesso da psicanálise.

O que lhe é demandado é que nos livre do real e do sintoma. Se ela *su-cede*, se tem sucesso nessa demanda, podemos esperar qualquer coisa — digo isso assim, vejo que há pessoas que não estavam nessa conferência para a imprensa, é para elas que digo —, a saber, um retorno da verdadeira religião, por exemplo, que, como vocês sabem, não parece definhar. A verdadeira religião não é louca, todas as esperanças lhe são boas, se posso dizer, ela as santifica. Então, é claro, isso lhe é permitido.

Se, então, a psicanálise tiver sucesso, ela se apagará, por não passar de um sintoma esquecido. Ela não deve se impressionar com isso, é o destino da verdade tal como ela mesma o coloca no princípio — a verdade se esquece. Por-

A terceira

tanto, tudo depende de o real insistir. Para isso, é preciso que a psicanálise fracasse.

É preciso reconhecer que ela toma esse caminho e, portanto, que ela tem grande chance de continuar a ser um sintoma, de crescer e multiplicar-se. Psicanalistas não mortos, carta/letra segue [*suit*]!

Mesmo assim, desconfiem — talvez essa seja a minha mensagem de forma invertida. Talvez eu também me precipite. É a função da pressa, que destaquei para vocês.

No entanto, o que acabo de lhes dizer pode ter sido mal-entendido, de modo a ser tomado no sentido de que a psicanálise seria um sintoma social. Só existe um sintoma social: cada indivíduo é realmente um proletário, quer dizer, não há nenhum discurso com o qual fazer laço social, dito de outro modo, semblante. Foi isso que Marx enfrentou de modo inacreditável. Dito e feito. O que ele disse implica que não há nada a mudar. É por isso, inclusive, que tudo continua exatamente como antes.

A psicanálise, socialmente, tem uma consistência diferente dos outros discursos. Ela é um laço a dois. É assim que se encontra no lugar da falta de relação sexual. Isso não basta, de modo algum, para fazer dela um sintoma social, pois uma relação sexual falta em todas as formas de sociedades. Está ligado à verdade que constitui a estrutura de todo discurso.

É por isso, inclusive, que não há uma verdadeira sociedade fundada no discurso analítico. Há uma Escola, que justamente não se define por ser uma Sociedade. Ela se define pelo fato de que nela eu ensino alguma coisa. Por mais divertido que isso possa parecer quando falamos da Escola Freudiana, é algo do gênero do que fizeram os estoicos, por exemplo. Os estoicos tinham uma espécie de pressentimento do lacanismo — foram eles que inventaram a distinção entre o *signans* e o *signatum*. Por outro lado, eu lhes devo respeito pelo suicídio — não por suicídios fundados em um gracejo, mas por essa forma de suicídio que é, em suma, o ato propriamente dito. Não se deve perdê-lo, claro, senão ele não será um ato.

Em tudo isso, portanto, não há problema de pensamento. Um psicanalista sabe que o pensamento é aberrante por natureza, o que não impede que seja responsável por um discurso que solda o analisante. A quê? Não ao analista, mas ao par analisante-analista.

Alguém disse isso muito bem esta manhã, vou exprimi-lo de outro modo, mas é exatamente a mesma coisa, estou feliz que haja convergência.

A terceira 31

A angústia dos cientistas

O engraçado de tudo isso é que seja o analista que dependa do real nos anos que virão, e não o contrário. Não é de modo algum do analista que depende o advento do real. O analista tem por missão enfrentá-lo. Apesar de tudo, o real poderia tomar as rédeas,* sobretudo desde que passou a ter o apoio do discurso científico.

É até um dos exercícios do que chamamos de ficção científica, que, devo dizer, nunca leio, mas muitas vezes, nas análises, contam-me o que há aí. É inimaginável! — o eugênico, a eutanásia, enfim, todo tipo de *bempilhérias*** diversas. Isso só se torna engraçado quando os próprios cientistas são pegos, não pela ficção científica, evidentemente, mas por uma angústia.

Isso é instrutivo. É o sintoma-padrão de todo advento do real.

Quando os biólogos — para nomear esses cientistas — impõem-se o embargo de um tratamento laboratorial das

---

* Em francês: *prendre le mors aux dents*. Em uma tradução literal, seria: morder o cabresto.

** Aqui Lacan faz um jogo de palavra por sonoridade: em vez de *de plaisanteries* (de pilhérias), ele utiliza *d'euplaisanteries*, acentuando a intensidade da afirmação, já que o prefixo grego *eu*, em francês, significa *bien*. Mais adiante, neste mesmo texto, ele vai articular esse "bem" ao Bem universal.

bactérias sob pretexto de que, se as tornamos muito fortes e resistentes, elas podem escapulir por debaixo da porta e varrer pelo menos toda a experiência sexuada, ao eliminar o *falasser*, mesmo assim, isso é algo bastante mordaz. Esse acesso de responsabilidade é magnificamente cômico. Toda a vida enfim reduzida à infecção que ela realmente é, segundo qualquer verossimilhança, é o cúmulo do ser pensante. O incômodo é que eles não se dão conta de que a morte se localiza ao mesmo tempo no que, em lalíngua, tal como a escrevo, acena para isso.

Seja como for, os "bem", acima destacados, a propósito, nos colocariam enfim na apatia do Bem universal. Eles fariam suplência à ausência da relação que eu disse ser para sempre impossível — por meio dessa conjunção de Kant com Sade, por meio da qual julguei necessário destacar, em um escrito, o futuro que paira sobre nossas cabeças, ou seja, o mesmo em que a análise tem, de certa forma, o seu futuro assegurado. "Franceses, mais um esforço ainda para sermos republicanos", caberá a vocês responder a essa objurgação, mesmo que eu não saiba ainda se o artigo lhes foi indiferente — há apenas um sujeitinho que se debruçou sobre ele, e isso não foi de grande valia.

Quanto mais eu "como o meu *Dasein*", conforme escrevi no final de um de meus Seminários, menos sei sobre o tipo de efeito que ele produz em vocês.

A terceira 33

O inconsciente, um saber que se articula
a partir de lalíngua

Esta *Terceira*, enquanto a leio, vocês talvez possam se lembrar de que na *Primeira*, que aqui retorna, eu acreditara dever colocar a minha *falância*, uma vez que a imprimiram depois, sob o pretexto de que vocês todos teriam o texto distribuído. Se hoje não faço senão *urd'roma*, espero que isso não lhes seja um obstáculo excessivo para ouvir o que leio. Peço desculpas se essa leitura for excessiva.

A *Primeira*, então, aquela que retorna para que não cesse de se escrever, necessária, "Função e campo...", eu disse ali o que era preciso dizer. A interpretação, formulei, não é interpretação de sentido, mas jogo com a equivocidade, e foi por isso que coloquei o acento sobre o significante na língua. Designei-o como instância da letra, para me fazer entender pelo pouco de estoicismo de vocês.

Disso resulta, acrescentei depois, sem mais efeitos, que é em lalíngua que a interpretação opera — o que não impede que o inconsciente seja estruturado como uma linguagem, uma dessas linguagens com as quais é justamente o negócio dos linguistas convencer de que lalíngua é animada. A gramática, como eles geralmente a chamam, ou, quando é Hjelmslev, a forma. Isso não se dá isoladamente, mesmo que alguém que me deve a abertura desse caminho tenha colocado a ênfase na gramatologia.

Lalíngua é o que permite que se considere que o "voto" [*voeu*], a aspiração, não por acaso, seja também o "quer" [*veut*] de querer, terceira pessoa do indicativo — que o "não" [*non*] negando e o "nome" [*nom*], nomeando, também não seja por acaso —, que "deles" [*d'eux*], com o "d" antes de "eles" [*eux*], que designa aqueles [*ceux*] dos quais falamos, sejam feitos da mesma forma que o algarismo dois [*deux*], e isso não é puro acaso, tampouco é arbitrário como diz Saussure. O que é preciso conceber aí é o sedimento, o aluvião, a petrificação que é marcada pelo manejo, por parte de um grupo, de sua experiência inconsciente.

Lalíngua não deve ser dita viva porque está em uso. É sobretudo a morte do signo que ela veicula. Não é porque o inconsciente é estruturado como uma linguagem que lalíngua não vai jogar [*jouer*] contra seu gozar [*jouir*], pois ela se constituiu a partir desse próprio gozar.

O sujeito suposto saber que o analista é na transferência não é suposto erroneamente, se sabe em que consiste o inconsciente, em ser um saber que se articula a partir de lalíngua, o corpo que aí fala só está enlaçado a ele pelo real do qual "se goza".

O corpo na economia do gozo

O corpo deve ser compreendido ao natural como desenlaçado desse real que, para aí ex-sistir na qualidade de constituir seu gozo, não lhe é menos opaco.

Ele é o abismo menos notado do que quer que seja lalíngua que esse gozo civiliza, se ouso dizer. Entendo com isso que ele a conduz ao seu efeito desenvolvido, aquele pelo qual o corpo goza de objetos.

O primeiro dentre eles, aquele que escrevo com o a, é, eu dizia, o objeto do qual não há ideia como tal, a não ser ao quebrá-lo, esse objeto — caso em que seus pedaços são identificáveis corporalmente e, como estilhaços do corpo, identificados, e isso somente pela psicanálise. É nisso que esse objeto constitui o núcleo elaborável do gozo. Mas ele só se mantém pela existência do nó, nas três consistências de toros, das rodinhas de barbante que o constituem.

O estranho é esse laço que faz com que um gozo, qualquer que seja, suponha esse objeto, e, desse modo, o *mais-de-gozar*, pois foi assim que acreditei poder designar seu lugar, ou seja, em relação a qualquer gozo, sua condição.

Se esse é o caso no que diz respeito ao gozo do corpo, na medida em que é gozo da vida, a coisa mais espantosa é que o objeto a separe esse gozo do corpo e o gozo fálico.

Para apreendê-lo, é preciso que vocês vejam como é feito o nó borromeano. Fiz um pequeno esquema.

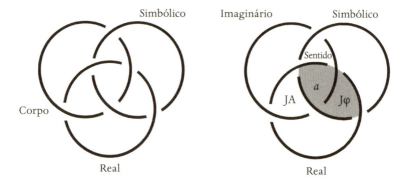

Que o gozo fálico se torna anômalo em relação ao gozo do corpo, isso já foi percebido mil e uma vezes. Não sei quantos caras aqui estão um pouco por fora dessas histórias feitas nas coxas* que nos vêm da Índia — parece que chamam isso de *kundalini*. Eles designam desse modo aquela coisa que escala toda a sua medula espinhal, como dizem. E a explicam de uma forma que se refere à coluna — eles imaginam que é a medula, e que ela sobe até os miolos. Depois fizeram alguns progressos em anatomia.

Como entender o fora do corpo do gozo fálico?

Nós o ouvimos esta manhã, graças a meu caro Paul Mathis, que é também aquele a quem felicitei pelo que li dele sobre a escrita e a psicanálise. Esta manhã ele nos deu um excelente exemplo disso. Esse Mishima não é uma sumidade. E para nos dizer que foi são Sebastião quem lhe deu

---

* No original, *à la mords-moi le doigt*.

a oportunidade de ejacular pela primeira vez, realmente essa ejaculação deve tê-lo espantado.

Vemos isso todos os dias, caras que nos contam que sempre se lembrarão de sua primeira masturbação, pois isso rouba a cena.

Compreende-se bem por que isso rouba a cena: porque não vem de dentro da cena.

A preferência pela imagem

O corpo se introduz na economia do gozo pela imagem. Foi daí que parti. A relação do homem, do que chamamos por esse nome, com seu corpo, se há algo que destaca que ela é imaginária, é o alcance que a imagem aí adquire.

De início destaquei que para isso seria preciso haver uma razão no real. Só a prematuração explica isso. A ideia não é minha, é de Bolk — nunca busquei ser original, sempre busquei ser lógico. Essa preferência pela imagem vem do fato de que o homem antecipa sua maturação corporal, com tudo o que isso comporta, a saber, que não pode ver um de seus semelhantes sem pensar que ele toma o seu lugar — então, naturalmente, ele o vomita.

Por que o homem é tão subserviente à sua imagem? Quanto esforço fiz certa época para explicar isso! Naturalmente, vocês nem se deram conta. Eu quis realmente dar a essa imagem não sei que protótipo em certo número de animais, a saber, o momento em que a imagem assume um papel no processo germinal. Fui buscar o gafanhoto, o esgana-gata, a pomba, e não se tratava de modo algum de um prelúdio, de um exercício. Será que vão nos dizer agora que tudo isso estava *hors d'oeuvre*? Que o homem goste tanto de olhar sua imagem, aí está, resta apenas dizer: "É assim". O que há de mais espantoso é que isso permitiu o deslizamento do mandamento de Deus. Todavia o homem é mais próximo de si mesmo em seu ser do que em sua imagem no espelho. Então, que história é essa do mandamento "Amarás o teu próximo como a ti mesmo", se isso não se funda nessa miragem, que ainda assim é algo divertido?

Mas como essa miragem é justamente o que o leva a odiar, não o seu próximo, mas seu semelhante, esse é um troço que passaria um pouco pela tangente se não pensássemos que, ainda assim, Deus deve saber o que diz, e que há para cada um algo que se ama ainda mais do que sua imagem.

Vida implica gozo?

Se há algo que nos dá uma ideia do "se gozar" é o animal. Não se pode dar nenhuma prova disso, mas parece estar implicado no que se chama de corpo animal.

A terceira

A questão se torna interessante a partir do momento em que a ouvimos e em que, em nome da vida, nos perguntamos se a planta goza.

A questão tem um sentido, pois, mesmo assim, foi aí que me deram o golpe do lírio dos campos. "Eles não tecem nem fiam", acrescentaram. É certo que agora não podemos nos contentar com isso, pela simples razão de que eles fazem justamente isso, tecer e fiar. Para nós, que vemos isso com microscópio, não há exemplo mais manifesto que o do fio da tecedura. Então, talvez seja disso que eles gozem, de tecer e fiar. No entanto, isso deixa o conjunto da coisa completamente boiando.

Resta definir a questão de saber se vida implica gozo. Se a resposta permanece duvidosa para o vegetal, isso só faz valorizar mais o fato de que não o seja para a fala. Como eu disse, lalíngua, na qual o gozo constitui sedimento, não sem mortificá-la, não sem que ela se apresente como madeira morta, testemunha, mesmo assim, que a vida, da qual uma linguagem constitui a rejeição, nos dá a ideia de que é algo da ordem do vegetal.

É preciso observar isso de perto.

O significante-unidade é a letra

Há um linguista que muito insistiu sobre o fato de que o fonema nunca faz sentido. O incômodo é que a palavra também não faz sentido, apesar do dicionário. De minha parte, faço o esforço de produzir qualquer sentido com qualquer palavra em uma frase.

Então, se fazemos qualquer palavra produzir qualquer sentido, onde interromper a frase? Onde encontrar a unidade-elemento?

Já que estamos em Roma, tentarei dar-lhes uma ideia do que eu queria dizer, sobre o que acontece com essa unidade significante a buscar, a partir do fato de que há, vocês sabem, as famosas três virtudes justamente ditas teologais. Aqui nós as vemos apresentar-se às muralhas, exatamente por todo lado, sob a forma de mulheres planturosas. O mínimo que podemos dizer é que, depois disso, ao tratá-las como sintomas, não estamos forçando a barra. De fato, definir o sintoma como eu fiz, a partir do real, é dizer que as mulheres também exprimem muito, muito bem o real, uma vez que, justamente, insisto sobre o fato de que as mulheres são não todas.

A "fé" (*la foi*), a "esperança" e a "caridade", denominá-las como a "feira" (*la foire*), deixesperança,* a partir de *las-*

---

* No original, *l'aissepérogne*, neologismo sem correspondência exata em português, a expressão faz um trocadilho com "a esperança" (*l'espérance*).

A terceira 41

ciate ogni speranza — é um metamorfema como outro, já que há pouco vocês me passaram *urd'roma* —, para acabar *arquirateado,** a rata-padrão, parece-me, é uma incidência mais efetiva para o sintoma dessas três mulheres. Isso me soa mais pertinente do que o que se formula, por exemplo, quando alguém se mete a racionalizar tudo, como essas três questões de Kant, das quais tive que me livrar na televisão. São, a saber: "O que posso saber?", "O que me é permitido esperar?" (é realmente o cúmulo) e "O que devo fazer?".

Contudo, é bastante curioso que estejamos nesse ponto. Não que eu considere que a fé, a esperança e a caridade sejam os primeiros sintomas a colocar na berlinda. Não se trata de maus sintomas, mas, enfim, isso suporta muito bem a neurose universal. Ou seja, permite que, afinal de contas, as coisas não caminhem tão mal, e que estejamos todos submetidos ao princípio de realidade, isto é, à fantasia. Aí está a Igreja a velar. E uma racionalização delirante como a de Kant é, ainda assim, o que ela tampona.

Lacan acrescenta ali duas outras palavras que, juntas, são homofônicas a esse sintagma: *laisse* e *rogne*. A tradução literal seria "deixa-ronha", que ele associa à frase em italiano a que se refere em seguida (*lasciate ogni speranza*), cuja tradução seria: "Abandone toda esperança".

* No original, *archiraté*. Em uma tradução literal, seria "arquifalho". Para aproximar da sonoridade original, evoco "rata", "ratear", sinônimos de "falha", "falhar".

Tomei esse exemplo para não me atrapalhar no que comecei por lhes dar como exemplo do que é preciso para tratar um sintoma.

A interpretação deve sempre ser — como disse, graças a Deus, ontem mesmo, Tostain — o ready-made de Marcel Duchamp. Que pelo menos vocês entendam alguma coisa dele. Nossa interpretação deve visar o essencial no jogo de palavras para não ser aquela que alimenta de sentido o sintoma. Vou confessar-lhes tudo, por que não? Esse troço, o deslizamento da fé, da esperança e da caridade para a feira — digo isso porque alguém na conferência para a imprensa achou que eu peguei um pouco pesado nesse assunto da fé e da feira —, é um de meus sonhos. Mesmo assim tenho o direito, tal como Freud, de participar-lhes meus sonhos. Contrariamente aos de Freud, eles não são inspirados pelo desejo de dormir. É sobretudo o desejo de acordar que me agita. Mas, enfim, isso é particular.

O significante-unidade é fundamental. Podemos estar seguros de que o materialismo moderno não teria nascido se muito tempo antes já não atormentasse os homens. Nesse tormento, a única coisa que se mostrava a seu alcance era sempre a letra.

Quando Aristóteles, como qualquer um, exatamente como nós, se põe a dar uma ideia do elemento, é preciso sempre uma série de letras, RSI.

A terceira

Não há nada que inicialmente dê mais a ideia de elemento do que o grão de areia — eu evocava isso em uma dessas partes que pulei, pouco importa —, sobre o qual eu disse que não se podia senão contar. Nada nos detém nesse gênero — por mais numerosos que sejam os grãos de areia, nós sempre poderemos calculá-los, um Arquimedes já o disse. Tudo isso só nos vem a partir de algo que não tem suporte melhor do que a letra.

Mas não existe letra sem lalíngua. É esse inclusive o problema — como pode lalíngua precipitar-se na letra? Nunca se fez algo realmente sério sobre a escrita, entretanto isso valeria a pena, pois aí está realmente uma articulação.

Então — como alguém observou há pouco, de certo modo abrindo o caminho para o que posso lhes dizer — que o significante seja colocado por mim como representando um sujeito para outro significante é a função que só se constata na decifragem, que é tal que necessariamente retornamos à cifra. Esse é o único exorcismo do qual a psicanálise é capaz.

A decifragem se resume ao que faz a cifra, ao que faz o sintoma, é algo que, sobretudo, não cessa de se escrever a partir do real.

Chegar a domesticá-lo até o ponto em que a linguagem possa com ele produzir equivocidade: é por aí que se ganha o terreno que separa o sintoma do gozo fálico.

A insistência do "isso se goza"

Vou mostrar-lhes em meus pequenos desenhos que o sintoma não se reduz ao gozo fálico.

O meu "se goza" introdutório, o que para vocês é o testemunho disso, é que seu analisante presumido se confirma como tal pelo fato de que ele retorna. Por que, pergunto--lhes, ele retornaria, tendo em vista a tarefa em que vocês o metem, se isso não lhe produzisse um prazer doido? Além do fato de que, para completar, muitas vezes ele confia em que é preciso que cumpra ainda outras tarefas para satisfazer à análise de vocês.

"Ele se goza" de algo, e de modo algum "Eu go(z)sou", pois tudo indica, tudo deve lhes indicar, que vocês não lhe demandam simplesmente *daseinar*, estar ali, como eu estou agora — mas sobretudo, e muito pelo contrário, colocar à prova essa liberdade da ficção de dizer qualquer coisa. Em contrapartida, ela se revelará impossível.

Dizendo de outro modo, o que vocês lhe demandam é que abandone essa posição que acabo de qualificar como de *Dasein*. Para dizê-lo de modo simples, essa posição é aquela com a qual ele se contenta, e justamente por queixar-se dela, a saber, por não estar em conformidade com o ser social. Ele se queixa de haver algo que atravessa. E justamente, esse algo que atravessa é o que ele vislumbra como sintoma, como tal, sintomático do real.

A terceira 45

Além disso, há o enfoque decorrente do fato de ele pensar isso. Mas isso é o que chamamos de benefício secundário, em toda neurose.

Tudo o que digo aqui não é necessariamente verdadeiro para sempre. Inclusive isso me é completamente indiferente. É a própria estrutura do discurso que vocês só fundam ao reformar, e mesmo ao reformar os outros discursos, na medida em que *ex-sistem* ao seu. E é no discurso de vocês que o falasser esgotará essa insistência que é a sua, e que nos outros discursos permanece limitada.

Então, onde se aloja o "isso se goza" nos meus registros categóricos do imaginário, do simbólico e do real?

A via do nó

Para que haja nó borromeano, não é necessário que minhas três consistências fundamentais sejam todas tóricas.

Como talvez lhes tenha chegado aos ouvidos, vocês sabem que se pode considerar que a reta morde sua extremidade no infinito.

Então, entre o imaginário, o simbólico e o real, pode aí haver um dos três, o real certamente, que seja uma reta infinita. Efetivamente, conforme eu disse, ele se caracteriza por não fazer um todo, quer dizer, por não se fechar.

Suponham até que ocorra o mesmo no caso do simbólico. Basta que o imaginário, a saber, um de meus três toros, se manifeste como o lugar em torno do qual seguramente giramos para que, com duas retas, um nó borromeano se faça.

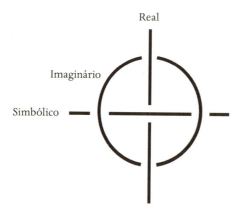

O que vocês veem aí talvez não por acaso se apresente como o entrecruzamento de dois caracteres da escrita grega. Talvez seja absolutamente digno de entrar no caso do nó borromeano. Decomponham tanto a continuidade da reta quanto a do círculo. O que resta, seja uma reta e um círculo, sejam duas retas, é totalmente livre — esta é a definição do nó borromeano.

Ao dizer-lhes tudo isso, tenho a impressão — até anotei isso em meu texto — de que a linguagem só pode realmente avançar ao se torcer e enrolar, ao se contornar de modo que, afinal de contas, não posso dizer que não dou o exemplo aqui.

Aceitar o desafio da linguagem, marcar em tudo o que nos diz respeito até que ponto dependemos disso, não se deve acreditar que eu o faça voluntariamente. Preferiria que fosse menos tortuoso. O que me parece cômico é simplesmente que não vislumbremos que não há nenhum outro modo de pensar, e que psicólogos, em busca do pensamento que não seria falado, considerem, de certo modo, que o pensamento puro, se ouso dizer, seria melhor. No que de cartesiano adiantei há pouco, o "Penso, logo sou", nomeadamente, há nele um erro profundo. O que inquieta o pensamento é imaginar que faz extensão, se preferirem. Mas é exatamente isso que demonstra que não há outro pensamento, por assim dizer, puro, não submetido às contorções da linguagem, a não ser justamente o da extensão.

Isto em que eu queria introduzi-los hoje — e após duas horas, afinal, não faço senão fracassar, rastejar — é o seguinte: a extensão que supomos ser o espaço, aquele que nos é comum, a saber, as três dimensões, por que diabos isso nunca foi abordado por meio do nó?

Farei um pequeno desvio, uma evocação citatória do velho Rimbaud e de seu efeito de "barco bêbado", por assim dizer: "Eu não me senti mais guiado pelos rebocadores".

48 A terceira | Teoria de lalíngua

Mas não há nenhuma necessidade de *rimbarco*, nem de *poato*, nem de *Etiopoato* para se colocar a seguinte questão.*

Havia pessoas que incontestavelmente talhavam pedras — e isso é a geometria de Euclides. Em seguida, eles tinham que içá-las até o alto das pirâmides, e não o faziam com cavalos, que não puxavam grande coisa, todos sabem disso, uma vez que não haviam inventado o cabresto: essas pessoas puxavam, elas mesmas, todos esses troços. Então, por que não foi a corda — e igualmente o nó — a vir para o primeiro plano de sua geometria? Como eles não viram o uso do nó e da corda?

O nó e as três dimensões

Em relação ao nó, as matemáticas mais modernas perdem a corda,** deve-se dizer. Não se sabe como formalizar o que está em jogo nesse nó. Há um monte de casos em que se perde o fio da meada.

---

* Nesse parágrafo Lacan cita um verso do poema de Arthur Rimbaud "O barco bêbado" e faz alguns trocadilhos: *rimbateau* (*rimbarco*), pela junção dos nomes do poeta e do poema; *poâte* (*poato*), pela junção entre *poète* ("poeta") e *hâte* ("pressa") — como não há um equivalente homófono em português, optei pela palavra "ato", que em sua especificidade na psicanálise se constitui pela pressa por concluir —; e *Éthiopoâte* (*Etiopoato*), que acrescenta o prefixo "Etio-", de Etiópia ou etíope, ao primeiro trocadilho.
** Em francês há um jogo de palavras entre *perdre la corde* ("perder a corda") e *perdre l'accord* ("entrar em desacordo").

A terceira

Aliás, esse não é o caso do nó borromeano — o matemático discerniu que se trata de uma trança, e o tipo de trança dos mais simples.

O nó que desenhei por último nos mostra de modo surpreendente que não temos que fazer todas as coisas dependerem da consistência tórica. Basta-lhe ao menos uma. Essa "ao-menos-uma", se vocês a encolhem indefinidamente, pode lhes dar a ideia sensível do ponto.

De fato, se não supomos que o nó se manifesta pelo fato de que o toro imaginário que situei ali se encolhe, se remaneja continuamente, não temos nenhuma ideia do ponto.

As duas retas, tais como acabo de inscrevê-las para vocês, e às quais atribuo os termos "simbólico" e "real", deslizam uma sobre a outra, por assim dizer, a perder de vista. Por que duas retas em uma superfície, em um plano, se cruzariam, se interceptariam? Perguntamo-nos: onde vimos o que quer que seja parecido com isso — a não ser ao manejar a serra e ao imaginar que o que faz aresta em um volume basta para desenhar uma linha? Afora esse fenômeno da serradura, como podemos imaginar que o que faz um ponto é o encontro de duas retas? Parece-me que é preciso haver pelo menos três.

Isso nos leva um pouquinho mais longe. Vocês lerão este texto que vale o que vale, mas que pelo menos é divertido. Ainda assim, é preciso que eu lhes mostre.

Isso designa o modo como, afinal de contas, o nó borromeano reúne essas famosas três dimensões que imputamos ao espaço, sem nos impedir de imaginá-lo tanto quanto queiramos. Um nó borromeano se produz exatamente quando o situamos nesse espaço.

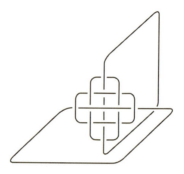

Vocês veem agora uma figura à esquerda. É, evidentemente, fazendo deslizar de certo modo esses três retângulos — que, além disso, fazem nó perfeitamente sozinhos — que vocês obtêm a figura da qual parte tudo o que está em jogo no que há pouco lhes mostrei sobre o que constitui um nó borromeano, tal como acreditamos dever desenhá-lo.

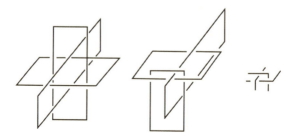

A terceira 51

Mal-estar no imundo

Cuidemos ainda assim de ver do que se trata. Nesse real se produzem corpos organizados e que se mantêm na sua forma. É o que explica que corpos imaginem o universo. Não há nenhuma prova de que, fora do falasser, os animais pensem para além de algumas formas às quais supomos que sejam sensíveis, às quais respondem de modo privilegiado. Isso não é razão para imaginarmos que o mundo é mundo, o mesmo para todos os animais, por assim dizer. Eis o que não vemos e que, coisa bastante curiosa, os etólogos, as pessoas que estudam os modos e costumes dos animais, colocam entre parênteses.

Em contrapartida, não nos faltam provas de que o mundo, mesmo que a unidade de nosso corpo nos force a pensá-lo como universo, não é mundo, é *i-mundo*.

Mesmo assim é do mal-estar, que em algum lugar Freud registra como o mal-estar na civilização, que procede toda a nossa experiência.

O que há de espantoso é que o corpo contribua para esse mal-estar, e de uma forma pela qual sabemos muito bem que anima os animais, por assim dizer, quando os animamos com nosso medo. Do que temos medo? Isso não quer dizer apenas a partir do que temos medo? Do que temos medo? De nosso corpo. É o que manifesta esse fenômeno curioso sobre o qual dei um Seminário durante todo um ano, e que denominei *A angústia*.

A angústia se situa em lugar diferente do medo em nosso corpo. É o sentimento que surge da suspeita que nos vem ao nos reduzirmos ao nosso corpo. É muito curioso que a debilidade do falasser tenha conseguido chegar a esse ponto — até discernir que a angústia não é o medo do que quer que possa motivar o corpo. É um medo do medo. Isso se situa muito bem em relação ao que ainda assim eu gostaria de poder lhes dizer. Há 66 páginas que cometi a babaquice de produzir para vocês. Não vou me meter a falar ainda indefinidamente, mas gostaria de mostrar-lhes pelo menos isso.

O gozo fálico é fora do corpo

Imaginei identificar para vocês cada uma dessas consistências como sendo as do imaginário, do simbólico e do real. O que aí substitui o gozo fálico é esse campo que, na figura em duas dimensões do nó borromeano, se especifica pela interseção que vocês veem aqui.

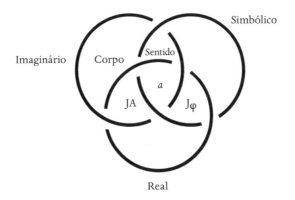

Tal como as coisas aparecem no desenho, essa interseção tem duas partes, uma vez que há a intervenção do terceiro campo que origina esse ponto cuja constrição central define o objeto *a*. Conforme lhes disse há pouco, é a esse lugar do mais-de-gozar que se conecta todo gozo.

Cada uma dessas três interseções é externa a um campo. O gozo fálico, que escrevi com o Jφ, está aqui, externo ao campo dito do corpo — o que nele define o que qualifiquei como seu caráter fora do corpo.

A relação é a mesma para o sentido no círculo no qual se aloja o real. Foi por isso que insisti, especialmente na conferência para a imprensa, no fato de que ao nutrir de sentido o sintoma, ou seja, o real, não fazemos senão dar--lhe continuidade de subsistência.

Pelo contrário, é na medida em que algo no simbólico se restringe pelo que chamei de jogo de palavras, a equivocidade, a qual comporta a abolição do sentido, é nessa medida que tudo o que diz respeito ao gozo, e particularmente ao gozo fálico, pode igualmente se restringir.

O sintoma e sua interpretação

Para isso é fundamental que vocês distingam o lugar do sintoma nesses diferentes campos. Aí está, tal como se apresenta na representação bidimensional do nó borromeano.

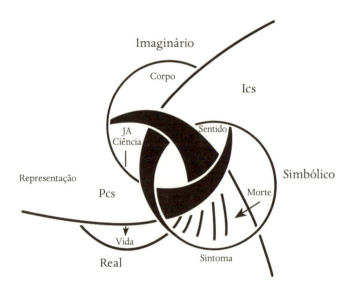

O sintoma é irrupção dessa anomalia na qual consiste o gozo fálico, na medida em que aí se desdobra, se expande, essa falta fundamental que qualifico pela não relação sexual.

A terceira

É na medida em que, na interpretação, é unicamente sobre o significante que a intervenção analítica incide, que algo do campo do sintoma pode recuar.

É no simbólico, na medida em que é lalíngua que o suporta, que o saber inscrito de lalíngua — que, falando propriamente, constitui o inconsciente — se elabora, ganha do sintoma. Isso não impede que o círculo marcado com o S não corresponda a algo desse saber que jamais será reduzido. Isto é, a saber, a *Urverdrängt* de Freud, ou seja, o que, do inconsciente, nunca será interpretado.

Nada é mais real que a vida

Em que medida escrevi, no círculo do real, a palavra "vida"? É que, da vida, exceto por essa expressão vaga que consiste em enunciar o "gozar da vida", incontestavelmente não sabemos mais nada.

Essa construção química que, a partir de elementos repartidos no que quer que seja, e de algum modo que queiramos qualificá-lo, teria se colocado de repente a edificar, pelas leis da ciência, uma molécula de DNA — como isso pôde ter início? Tudo a que a ciência nos induz é a ver que não há nada mais real do que isso, o que quer dizer: nada é mais impossível de imaginar.

Muito curiosamente, faço-lhes esta observação, já vemos aí a primeira imagem de um nó. Se há algo que deveria nos surpreender é que tenhamos percebido tão tarde que algo no real — e não é qualquer coisa, é a própria vida — se estrutura a partir de um nó. Como não se impressionar com o fato de que, a partir disso, não encontremos em lugar nenhum, nem na anatomia nem nas plantas trepadeiras, que pareceriam ser feitas expressamente para isso, nenhuma imagem natural de nó?

Vou sugerir-lhes algo: não haveria aí um certo tipo de recalcamento, de *Urverdrängt*?

Enfim, não sonhemos demais. Temos bastante coisa a fazer com nossas marcas.

O gozo do Outro é fora da linguagem

A representação, até e inclusive o pré-consciente freudiano, separa-se portanto completamente do gozo do Outro (JA).

O gozo do Outro, na condição de parassexuado — para o homem, gozo da suposta mulher, a mulher que não temos que supor, já que "A" mulher não existe; mas, por outro lado, para uma mulher, gozo do Homem, que, este, infelizmente é todo, é todo gozo fálico —, esse gozo do Outro parassexuado não existe, não saberia existir, a não ser por

A terceira

intermédio da fala — fala de amor, especialmente, que, devo dizer, é a coisa mais paradoxal e espantosa.

De fato, é evidentemente perceptível e compreensível que Deus nos aconselhe a amar nosso próximo, e de modo algum nos limitarmos a amar nossa próxima, pois, se nos dirigíssemos à nossa próxima, caminharíamos simplesmente para o fracasso. Esse é o princípio do que chamei há pouco de *arquirrateada** cristã.

Tanto o gozo fálico está fora do corpo quanto o gozo do Outro está fora da linguagem, fora do simbólico.

É a partir daí, a partir do momento em que captamos o que há — como dizer? — de mais vivo ou de mais morto na linguagem, a saber, a letra, é unicamente a partir daí que temos acesso ao real.

Do gozo do outro ao nascimento da ciência

Esse gozo do Outro, cada um sabe a que ponto é impossível.

Contrariamente ao mito evocado por Freud, a saber, que o Eros seria fazer um, é justamente disso que padecemos. Em nenhum caso dois corpos podem fazer um, por mais

---

* Aqui Lacan joga com *l'archiraté* e *la charité*, a arquirrateada cristã/ a caridade cristã.

estreitamente que se abracem. Não cheguei a colocá-lo em meu texto, mas o que de melhor podemos nesses famosos apertos é dizer: "Abrace-me bem forte!". Porém, não abraçamos tão forte que o outro acabe sufocando — de modo que não há nenhuma espécie de redução ao Um. Essa é a lorota mais incrível. Se há algo que faz Um é o sentido do elemento, o sentido do que provém da morte.

Digo tudo isso porque, por causa de certa aura em torno do que conto, fazem sem dúvida muita confusão sobre o tema da linguagem. Não acho de modo algum que a linguagem seja a panaceia universal. Não é porque o inconsciente está estruturado como uma linguagem — é o que ele tem de melhor — que, para tanto, ele não dependa estreitamente de lalíngua, quer dizer, do que faz com que toda lalíngua seja uma língua morta, mesmo que ela ainda esteja em uso.

Somente a partir do momento em que algo se decapa é que podemos encontrar um princípio de identidade de si para si. Isso não se produz no âmbito do Outro, mas da lógica. É na medida em que alguém consegue reduzir todo tipo de sentido que chega a essa sublime fórmula matemática de identidade de si a si, que se escreve $x = x$.

Quanto ao gozo do Outro, só existe uma forma de preenchê-lo, e é, falando propriamente, o campo em que nasce a ciência. Como todo mundo sabe, como um pequeno livro

A terceira

feito por minha filha mostra bem, só a partir do momento em que Galileu fez pequenas correspondências de letra a letra com uma barra no intervalo, por meio das quais definiu a velocidade como relação entre espaço e tempo, foi que se pôde sair de tudo o que havia de intuitivo e de emaranhado na noção de trabalho para chegar ao primeiro resultado que era a gravitação.

Desde então fizemos alguns pequenos progressos, mas qual o saldo disso, da ciência, afinal de contas? Isso nos dá algo com que nos contentarmos, no lugar do que nos falta na relação de conhecimento, o que para a maior parte das pessoas, em particular todos os que estão aqui, se reduz a bugigangas — a televisão, a viagem para a Lua... E a viagem para a Lua vocês ainda não fazem, apenas uns poucos selecionados, mas vocês a veem na televisão.

A ciência parte da letra. É por essa razão que deposito alguma esperança no fato de que, passando sob toda representação, talvez cheguemos a ter alguns dados mais satisfatórios sobre a vida.

O futuro da psicanálise depende do real

Aqui o círculo se fecha no que acabo de dizer: o futuro da psicanálise depende do que advirá desse real.

As bugigangas [*gadgets*], por exemplo, será que realmente tomarão a dianteira? Chegaremos a nos tornar nós mesmos de fato animados pelas bugigangas [*gadgets*]? Isso me parece pouco provável, devo dizer.

Não chegaremos realmente a fazer com que a bugiganga [*gadget*] não seja um sintoma. Por ora ela o é, algo absolutamente evidente. É evidente que alguém possa ter um carro como uma falsa mulher. As pessoas cuidam definitivamente para que isso seja um falo, mas só tem relação com o falo porque é o falo que nos impede de ter uma relação com algo que seria nosso correspondente sexual, e que é nosso correspondente parassexuado.

O "para-", todos sabem disso, consiste em que cada um fique do seu lado, que cada um permaneça ao lado do outro.

Resumi para vocês o que havia nas minhas 66 páginas. Minha decisão inicial era ler. Eu o faria com certa disposição — monopolizar a leitura seria igualmente desincumbi-los dela, e talvez fazer com que pudessem ler algo. É o que desejo.

Se vocês realmente chegarem a ler o que está na figura bidimensional do nó borromeano, penso que estaria ao alcance de suas mãos topar com alguma coisa que pode lhes ser tão útil quanto a simples distinção entre o real, o simbólico e o imaginário.

Peço desculpas por ter estendido tanto a minha fala.

A terceira

Algumas observações

- Como Lacan não enviou para publicação o texto de 66 páginas ao qual faz alusão, sua intervenção no Congresso foi objeto de uma transcrição anônima, publicada em 1975 no boletim *Lettres de l'École Freudienne*, n. 16; ocupei-me de estabelecer essa versão. Para a publicação em 2011, em *La Cause Freudienne*, n. 79, os esquemas foram refeitos por Gilles Chatenay, e a releitura do conjunto por Pascale Fari.

- A intervenção propriamente dita era precedida de algumas frases, que aqui estão: "Falo esta tarde somente porque ouvi coisas excelentes ontem e esta manhã. Não vou me meter a nomear pessoas porque isso constitui um palmarés.* Esta manhã, em particular, ouvi coisas excelentes. Advirto-os de que lerei, depois vocês entenderão por quê. Explico isso em meu texto".

- A conferência para a imprensa mencionada nessa intervenção aconteceu no dia 29 de outubro do mesmo ano, no Centre Culturel Français de Rome; estabeleci esse texto para o volume *O triunfo da religião* (Rio de Janeiro: Zahar, 2005).

- Normalmente Lacan atribuía a fórmula da mensagem invertida a Benveniste, e não a Lévi-Strauss.

---

* No original, *palmarès*. Palavra com equivalente em português de Portugal, mas sem uso no Brasil. Refere-se a um quadro de honras, com a listagem de alunos ou desportistas premiados.

- Paul Mathis e René Tostain, aos quais Lacan faz uma homenagem, são os membros da Escola Freudiana de Paris (EFP) que apresentaram trabalhos durante o Congresso, o primeiro sobre Mishima, o segundo sobre Marcel Duchamp.

- O que Lacan designa como "um pequeno livro feito por minha filha" é um artigo de Judith Miller publicado na revista *Cahiers pour l'Analyse*, n. 9 (Paris: Seuil, 1968), intitulado "Metafísica da física de Galileu".

JACQUES-ALAIN MILLER

Comentário sobre *A terceira*

JACQUES-ALAIN MILLER

ESTÁVAMOS EM ROMA, no dia 1º de novembro de 1974. Jacques Lacan não falava para o grande público, ele se endereçava aos membros do que chamava de "minha Escola", a Escola Freudiana de Paris. Era um aniversário, pois ele havia criado a Escola dez anos antes. Ali se agrupam, então, algumas centenas de praticantes e intelectuais que seguem regularmente o ensino que ele oferecia toda semana em seu Seminário.

Lacan não anunciou o tema, apenas deu-lhe um título, enigmático, mas que os iniciados sabem decifrar: *A terceira*

De fato, era a terceira vez que ele tomava a palavra em Roma.

A primeira fora vinte anos antes, em 1953. Ele apresentava seu relatório sobre a função da fala e o campo da linguagem. O texto ficou nos anais. Foi então que Lacan se tornou Lacan.

Ele introduzia ali duas ideias fundamentais que não cessaram de exercer sua influência na psicanálise e na cultura.

A primeira dessas ideias é que o inconsciente descoberto por Freud está estruturado como uma linguagem, na qual se distinguem significante e significado. Para cada ser, seu inconsciente é um discurso que ele recebe, emitido por um outro, um parceiro íntimo, desconhecido, sem rosto, o Outro, que mobiliza o sujeito no cerne de sua identidade; um Outro que pensa *no* sujeito pensante, ali onde ele não pode mais dizer com Descartes: *Cogito, ergo sum*, "Penso, logo sou". É o discurso do Outro que prossegue nos sonhos e também nos sintomas.

Segunda ideia fundamental: a ação psicanalítica repousa na fala. É na fala que se deve buscar a mola da eficácia da psicanálise. Fala do analisante, que não descreve, que não tem que ser exata, mas que demanda, evoca no presente, elabora o passado e dá sentido à existência em função do futuro. Fala do psicanalista, fala rara, que escande e interpreta.

Em 1953, colocar a fala e a linguagem no cerne da psicanálise, definir o sujeito a partir disso, caiu como um raio. A recepção foi entusiasmada. Lacan irradia otimismo: ele sente que há razão para dar um segundo fôlego a uma teoria que estagnara desde a morte de Freud e a uma prática cujos efeitos começavam a enfraquecer.

Na segunda vez, ele toma a palavra em Roma em dezembro de 1967. O tom é oposto: o pessimismo domina. Seu título mostra isso: "A psicanálise, razão de um fracasso". Se Lacan não deixou de avançar no caminho que havia aberto em 1953, teve no entanto de constatar que estava sozinho e não conseguira levar consigo o conjunto dos psicanalistas, e na sua própria Escola as pessoas se afobam, querem entrar

Comentário sobre *A terceira*

na linha, abandonar a subversão que ele defende, reencontrar o conforto da rotina. Ele prevê, de modo sombrio, que os psicanalistas deporão as armas diante dos crescentes impasses da civilização. Esse momento de pessimismo é rapidamente superado. Vem a revolta da juventude em maio de 1968, que aos seus olhos lhe dava razão, encorajava-o a perseverar. Sua Escola se alinha com ele. Ele não para.

Pela terceira vez em Roma, o velhinho alegre — Lacan estava com 73 anos — trazia algo novo ao mesmo tempo que suspirava.

Vocês lerão, portanto, o discurso dele tal qual foi pronunciado na tribuna do Congresso da Escola Freudiana em 1974. A argumentação ali é difícil, mesmo para os especialistas. Não se trata de entender tudo, é impossível, mas também não se trata de renunciar a entender. Há um esforço a ser feito para acolher um pensamento original, realmente surpreendente, único, que marcou o século xx ao mesmo tempo que ficou, ainda, em grande medida, por descobrir e por decifrar. Lacan jamais fazia concessões aos seus ouvintes. "Não falo para os idiotas", dizia ele com soberba. Mesmo quando não entendemos, somos apanhados por um trecho ou outro. O tom às vezes é enfático, a voz às vezes é fragmentada, o conteúdo às vezes é ao mesmo tempo alegre e dissonante. A verdade, diz Lacan, é horrível, mas também é agradável.

Ele tinha diante de si dezenas de páginas escritas: ele as lê,

66 A terceira | Teoria de lalíngua

resume algumas, pula outras. Faz também desenhos no quadro. De tempos em tempos, fazemos uma pausa, para situar as referências lógicas:

1. O gato que ronrona

Uma primeira pausa. O que faz aqui o gato com seu ronrom? Ele vem ilustrar a relação do homem com sua fala. Existe na fala algo que é *anterior* à distinção entre significante e significado. O ronrom é um som, um ruído. Não é exatamente um significante, não é um fonema. O ronrom faz vibrar todo o corpo do animal, ele é seu gozo. Bem, segundo Lacan, o mesmo se dá com o homem que fala: a língua não é primeiramente feita para dizer, mas para gozar. *Lalíngua*, que Lacan escreve em uma única palavra, ou antes de uma só sacada, é nosso ronrom. Certamente a linguagem existe e tem uma estrutura. Mas a estrutura da linguagem é secundária em relação ao ronrom, o significante é apenas uma construção linguística que supõe a anulação, o esvaziamento da substância sonora, aquela em que se produzem assonâncias e homofonias, com as quais Lacan joga diversas vezes.

Resumamos essa primeira tese: "Ali onde isso fala, isso goza".

Lacan acrescenta que o ser do sujeito não deve ser buscado no pensamento, mas no gozo: "Eu sou ali onde isso goza". Onde está o *Eu* [*Je*]? Ele está onde há gozo inconsciente do sintoma.

Sobre essa base, Lacan se lança em uma crítica debochada a Descartes e aos pensadores gregos do ser e destaca o verbo *ser* através das línguas e através dos tempos do verbo em francês.

2. O cretinismo do pensamento

Depois dessa introdução, Lacan inicia a primeira parte de sua conferência, na qual trabalhará uma redefinição dos três termos que estão, desde 1953, na base de seu ensino: o simbólico, o imaginário e o real.

Por que essa redefinição? Ela se tornou necessária pelo caráter primário que ele reconhece no gozo.

Segue-se uma desvalorização fulminante do pensamento, bem como da verdade e do sentido: são apenas representações imbecis introduzidas por lalíngua no corpo.

Lacan desenhou no quadro um esquema, o nó borromeano. É um conjunto de três anéis. Pensem nos anéis olímpicos. Mas aqui há apenas três, e estão reunidos de modo singular. O que é singular é que, dois a dois, eles são independentes, enquanto a três eles se mantêm juntos. Esse nó é um objeto sobre o qual os matemáticos refletem.

Para Lacan, essas três categorias — simbólico, imaginário e real — são como as três rodinhas de barbante do nó borromeano.

No centro do esquema, como que encurralado pelas três rodinhas, há o que Lacan chamou de "objeto *a*". É o objeto no qual se condensa o gozo do corpo sob o efeito da fala. Ali o sujeito encontra o seu ser, mas fora do sentido.

Na relação entre o psicanalista e o paciente, o paciente é o sujeito, uma vez que o psicanalista desempenha o papel de objeto *a*. Ele se faz semblante desse objeto.

3. O real é o que não vai bem

O antônimo do semblante, o termo oposto a ele, é o real.

O real, no sentido psicanalítico, não é a realidade, não é o ser, não é o mundo nem sua representação, não é o universo. O real é "o que não vai bem" e que é impossível de ser reabsorvido pelo sentido.

O que há de mais real para cada um são os sintomas, que se repetem, que insistem, que não se enquadram na ordem do mundo.

Comentário sobre A terceira 69

4. A psicanálise é um sintoma?

O sintoma é da ordem do real. Convém atribuir-lhe sentido? Não deveríamos antes afastá-lo do sentido? Como a psicanálise deve, então, lidar com isso para nos livrar do sintoma e de seu real? E o que acontecerá se ela conseguir eliminar da civilização esse real? Ela resistirá a esse sucesso? Aí estão as questões que Lacan aborda então. Vocês notarão que ele emprega uma palavra alemã, que é o termo freudiano *Nachtrag*, que quer dizer "a posteriori".

5. A sociedade e a ciência

No desenvolvimento que se segue, Lacan evoca primeiramente o estatuto social: estatuto social do indivíduo, como tal, sempre proletário, e o da psicanálise, como laço a dois. Esse laço está à parte, mas, como todo laço social, se inscreve no lugar em que, no inconsciente, os dois sexos estão irremediavelmente separados um do outro.

Ouvimos aqui Lacan evocar as consequências do progresso da ciência: esta abre seu caminho até o real da vida, e isso não se dá sem a angústia dos cientistas.

6. Lalíngua e o corpo

Lacan especifica em seguida sua noção de lalíngua e as homofonias com as quais ela é tecida. Os linguistas falam da vida da linguagem. Lacan, por sua vez, recusa-se a dizer que lalíngua é viva. Lalíngua e a vida são muito diferentes. Então, o que acontece com a relação entre corpo, lalíngua e gozo? Tentemos resumir a resposta que Lacan propõe aqui. O corpo vivo goza, e lalíngua é feita desse gozo. Mas lalíngua mortifica o gozo do corpo, quer dizer, ao mesmo tempo o recalca naquilo que Freud chamava de zonas erógenas do corpo e o elabora nas diferentes formas do que Lacan nomeia objeto *a*. Pelo fato mesmo de que o corpo é falante, daí decorre que ele se encontra em dificuldade com seu gozo: este lhe é opaco, apresenta-se sempre como um excesso. No ser humano, ou *falasser*, o gozo é sempre como um sintoma do corpo, como um real: não está tudo bem. O gozo vem por acréscimo: como diz Lacan, é um *mais-de-gozar*.

Em seguida Lacan apoia sua construção no esquema do nó borromeano: essas passagens não são retransmitidas aqui.

7. As anomalias do gozo

O desenvolvimento que vem em seguida incide primeiramente no gozo fálico, que é por excelência um *mais-de--gozar*, sempre deslocado em relação ao gozo do corpo, como excedente. Lacan chega até a dizer que ele é "fora do corpo".

Na sequência, ele lembra que o gozo do corpo é primeiramente o de sua imagem, e que foi daí que partiu ao inventar "o estádio do espelho", mobilizando referências do comportamento animal.

Ele se pergunta sobre o gozo do animal e do vegetal: o que é o gozo do corpo que não fala?

No início dessa parte, Lacan menciona o termo *kundalini*, utilizado no tantrismo para designar a energia vital que o macho deve se esforçar por conservar na relação sexual, não ejaculando. Mais adiante ele evoca o trabalho de seu aluno, o psicanalista Paul Mathis, dedicado ao escritor japonês Mishima.

Também lembra os trabalhos do fisiologista Bolk, que ele havia utilizado em seus escritos dos anos 1940: Bolk destacava que, ao contrário da maioria dos mamíferos, a criança humana nascia inapta para subsistir, por sua condição prematura, e que seria necessário muito mais tempo para se completar como organismo. É o motivo, dizia Lacan, pelo qual a imagem do semelhante tem um papel essencial no desenvolvimento do organismo humano.

8. A escrita do sintoma

Após definir o imaginário e o real, Lacan chega então ao simbólico e repensa o conceito de significante. O significante é o suporte do significado. Mas o significado não permite identificar o significante. Então, o que dá ao significante uma unidade? O que isola "um" significante? Isso não é concebível sem a escrita, sem a instância da letra. O sintoma é da mesma ordem que a letra: é uma letra que não cessa de se escrever e que permanece por decifrar.

9. O gozo do analisante

Trata-se agora, para Lacan, de situar nos três registros (simbólico, imaginário e real) o quarto termo que ele introduziu: o gozo.

Esse gozo, a bem dizer, é sem sujeito: "isso se goza", diz ele. O que caracteriza esse gozo é voltar ao mesmo lugar, como faz o analisante, que retorna à sessão analítica; como o sintoma, que volta a atravessar a marcha das coisas.

E então Lacan desenha no quadro novos esquemas, transformando dois dos três círculos do nó em retas infinitas.

Comentário sobre *A terceira*   73

10. Uma geometria do recalque

Por utilizar o nó borromeano, Lacan introduz uma refle-
xão sobre a geometria: por que o espaço foi abordado pela
geometria euclidiana? Por que a preferência pelo ponto,
a linha, a superfície em detrimento do nó — quando as
torções da corda são bem mais adequadas para representar
as torções da linguagem, quando o inconsciente é uma
espécie de trançado?

Sem dúvida porque a geometria euclidiana é profunda-
mente imaginária, porque repousa sobre formas estáveis,
assim como os corpos se mantêm nas suas formas. A hipótese de Lacan é que o imaginário euclidiano recalcou o
nó, recalcou no sentido psicanalítico. O nó também teria
afinidades com o que Freud chamava de *Urverdrängt*, o re-
calcado originário, para sempre impossível de interpretar.

11. O círculo se fecha

Chegado o momento de concluir sua longa conferência,
Lacan o faz colocando a tônica no que, a seu ver, distingue
o ser humano dentre todos os seres vivos: o caráter hetero-
gêneo do gozo feminino e do gozo masculino, que separa
irremediavelmente os dois sexos. É o que ele expressa ao

falar da "não relação sexual". Isso é causa ou consequência da linguagem? O fato é que o gozo do Outro sexo, como tal, está fora de alcance. Em vez disso, gozamos dos objetos que a ciência atualmente faz proliferar em nosso mundo e que são inúmeros objetos mais-de-gozar. Era 1974, antes da internet, antes do telefone celular, antes da era eletrônica na qual depois entramos, sem deixarmos de ser animais doentes do próprio gozo.

Estes comentários, solicitados por um programa apresentado por Christine Goémé na France Culture, no dia 7 de abril de 2001, foram assim introduzidos por seu autor:

Vocês poderão ouvir nas manhãs desta semana, da segunda à sexta-feira, às 8h30, a voz de Jacques Lacan se expressando pelo rádio. Na terça-feira à noite, *Les Chemins de la Connaissance* [Os caminhos do conhecimento] serão dedicados aos escritos de Lacan. Para fechar a homenagem da France Culture a Jacques Lacan, por ocasião do centenário de seu nascimento, nós lhes ofereceremos nessa tarde, quase na íntegra, uma grande conferência de Lacan que nunca foi ao ar antes.

Teoria de lalíngua

JACQUES-ALAIN MILLER

Pronunciamento ao Congresso da Escola
Freudiana de Paris
Roma, 2 de novembro de 1974

Texto publicado originalmente em *Ornicar?*, n. 1, janeiro de 1975. Versão relida por Pascale Fari, Ève Miller-Rose e Anne Weinstein. [Texto originalmente publicado no Brasil em *Matemas I*. Rio de Janeiro: Zahar, 1996. A tradução da versão relida adota a consagrada contribuição de Haroldo de Campos: lalíngua para o neologismo lacaniano *lalangue*.]

GOSTARIA QUE ESTE PRONUNCIAMENTO ao Congresso da Escola Freudiana fosse romano. Pelo menos quanto ao local de sua composição, ele o é: *aqui*, nestes poucos dias. Será que é pela *honestas* que desejo situá-lo desse modo? Vocês me dirão.

O congresso é algo além de um dos enquadres sociais da memória? E estamos reunidos aqui, em Roma, apenas para fortalecer uma instituição que é a nossa e que completa agora dez anos?

O encontro periódico daqueles que exercem uma mesma profissão é um hábito que responde a uma necessidade de nosso tempo, me parece, do tempo do capitalismo, dado que o ato é tomado na forma do ofício, e que a segregação se impõe.

O congresso é uma prática social da qual vivem as empresas especializadas nisso e que têm suas viagens organizadas, seus pacotes e até suas mundanidades. A intervalos regulares, aqueles que se reconhecem solidários e semelhantes por seu ganha-pão, assim como por seu discurso, renovam entre si uma aliança. Eles também vêm reavivar esse pacto, se aconchegar em bando, assegurar-se de que sua coletividade existe, se contar, assumir sua cotação no mercado. Isso vale para médicos, padeiros e militantes políticos, assim como para universitários e psicanalistas. Sem mestres ou histéricas, sem dúvida, mas com membros da Escola Freudiana de Paris.

Nesta plenária em que falo agora, a profissão tem o hábito de apresentar um lote de seus produtos, um tanto a granel. Um pot-pourri — que, no entanto, nutre nossa memória, social.

Essa inscrição que cria entre nós, membros da Escola Freudiana, talvez um laço social eu não ignoro. Não zombo disso. Não imagino que ela desapareça, conheço a necessidade disso. Inclusive, se eu zombasse disso, seria algo além de um palhaço para vocês aqui? Posição, é verdade, à qual me destinava — falo no pretérito — minha vocação de filósofo: dizer a verdade, uma verdade sem consequência.

Como estamos em Roma, evocarei o seguinte exemplo: Nero, diz Tácito, chamava filósofos após a refeição para gozar de suas controvérsias e os insuflava a lutar, como faziam os gladiadores no circo. Mas, enfim, para que isso aconteça agora é preciso que haja ao menos dois.

Se participo desse ritual, portanto, sem bancar mais o esperto [non-dupe], é porque adoto aqui como posso o discurso analítico. Trata-se de uma memória diferente da memória social, aquela que os gregos tornavam musa com o nome Mnemosine, e que convida à *re-lembrança* do essencial.

No meu entender, este congresso se reuniu para que comemorássemos (e inclusive foi o que me disseram para me convencer a vir) um discurso que aconteceu em Roma há 21 anos, bem antes que a Escola existisse — quantos restam daqueles de então? —, um discurso cujas ressonâncias foram longe o bastante para, por motivos diversos, terem nos convocado, envolvido e hoje reunido nesta sala.

Desse modo, não havendo da minha parte outro motivo para me dirigir a vocês senão o de me haver proposto — não poderia dizer, já que toda mensagem se inverte, por ter sido escolhido? — a transcrever a fala da qual o discurso de Roma marcava a ampliação, não tendo outra razão para me dirigir a vocês, começarei por um elogio a Lacan. Ou melhor, farei quatro elogios.

Meu primeiro elogio é ao mestre Lacan.

Lacan cita em seu Seminário esta *Iluminação* de Rimbaud, "Uma razão":

Un coup de ton doigt sur le tambour décharge tous les sons et commence la nouvelle harmonie.

Un pas de toi, c'est la levée des nouveaux hommes et leur en-marche.

Ta tête se détourne : le nouvel amour ! Ta tête se retourne, – le nouvel amour![*]

Sim, o mestre. Será dizer demais, diante de uma sociedade tão informada? "O novo amor" foi batizado em Roma, em 1953, e é ele que mantém aqui ainda — quem ignora isso? — cada um daqueles que ouviram, cada um por conta própria, um "Tu és aquele que me seguirá" e proferiu, para confirmar sua posição de discípulo, o "Tu és meu mestre".

Por vezes os ingênuos descobrem de repente que não somos uma sociedade científica, porque seguimos um mestre, e um mestre que comanda, verdadeiramente! Talvez fosse assim nas seitas antigas. Onde está o escândalo — a não ser para aqueles que só podem conceber a função de ensinar nos moldes da universidade?

Lacan é um mestre. Dizer isso é primeiramente dizer que ele não é um sábio, filósofo que se faz na ordem do mundo e muda seu desejo. Também não são os famosos desconectados da realidade do mundo [*sans-mains*]. Nenhuma mode-

---

* "Uma batida de teu dedo no tambor descarrega todos os sons e dá início à nova harmonia./ Um passo teu é o recrutamento de novos homens e a ordem para se porem em marcha./ A cabeça vira-se: o novo amor! Tua cabeça se volta, amor!" Em tradução de Júlio Castañon Guimarães para Arthur Rimbaud, *Iluminações/ Um tempo no inferno*. São Paulo: Todavia, 2021.

Teoria de lalíngua 81

ração, nenhuma temperança, sem neutralidade. Aquele que acreditaria ser analista nunca o seria. A apatia analítica, fora das quatro paredes da sessão, é a própria abjeção.

Não posso falar da ética da psicanálise senão a partir do exterior. Para fazê-lo, contarei a vocês uma historinha que, ao que parece, corre na comunidade e que me contaram ontem.

Um analistazinho pega o elevador todas as manhãs ao mesmo tempo que outro fulano e, diante do *groom* estupefato, esse outro fulano cospe todos os dias no analistazinho. Certa manhã, o analista chega sozinho, o outro fulano não está lá. O *groom* aproveita então para perguntar ao analistazinho: "Mas, enfim, como o senhor faz para suportar todos os dias que esse outro fulano lhe cuspa na cara?". E o analistazinho responde: "Isso é problema *dele*".

Ataraxia, não é mesmo? Digna do estoico que sacrifica, pisoteia sua dignidade com seu desejo.

Quando a gente pressiona um pouco as coisas com alguém da comunidade analítica — e o que se presta melhor a isso do que um congresso? —, ouve o que lhes entrego quentinho, de ontem: "Quando somos analisados, meu caro, dizemos a nós mesmos: 'De que serve fazer o que quer que seja?'. Não acreditamos mais em nada".

Essa convicção é a de muitos. O que é preciso dizer é que, se for assim o ideal analítico, para que serve a análise? Essa moral de espírito de porco é a ética da psicanálise?

Só que existe Lacan, que todos os dias nos demonstra que a análise não é isso e que essa posição um tanto depressiva não é o alfa e o ômega do discurso analítico. Os porcos, é verdade, têm resposta para tudo. "Lacan, mas, vá lá, está claro — ele é mal analisado!". Essa afirmação também está quentinha, vinda do Congresso.

É por isso que celebro aqui, primeiramente, o mestre Lacan, aquele acerca do qual se pode dizer que "não é tanto seu gozo que o ocupa, mas seu desejo, que ele não negligencia". E, para aqueles que acreditam que eu elucubro aqui, remeto-os à página 768 dos *Escritos*, bem como às primeiras páginas do *Seminário* sobre os escritos técnicos de Freud. A Escola Freudiana é o nosso "avante"? É um termo um tanto militar, talvez excessivamente lustroso para nosso impasse.*

Mestre é aquele que não teme o vizinho — que sempre exige que nos conformemos à convenção. Mestre é aquele que não cobiça à direita e à esquerda, atrás e de todos os lados. Mestre é aquele que não cede quanto ao seu desejo e que, desse modo, é por si só uma caravana que passa.

Freud foi um mestre. Ter dor de cabeça, ter tido uma foda ruim na noite anterior, esquecer uma palavra, todas as

---

* No original, *sur-place*. O autor faz aqui um jogo de palavras que muda o sentido do termo: *sur place* significa in loco, mas, ao colocar um hífen, ele transforma a palavra em *surplace*, que significa impasse...

Teoria de lalíngua 83

pequenas coisas da vida, da vida singular, lhe importavam. E desse modo o mestre convoca, em cada um, o que ele tem de incomparável.

Direi por que a psicanálise é hermética, talvez, aos filósofos? Por que, de fato, abandonar o conceito em favor de babaquices? Não é necessário aqui menos que uma reviravolta, uma inversão dos valores. Percebo como o "maoísmo" foi o agente disso para alguns. O operário, diante do qual éramos estúpidos, pois não sabíamos fazer nada com as mãos, exceto..., esse operário, nosso sujeito suposto saber, por um tempo nos conduziu a vislumbrar a presunção do idealismo.

Lacan é mestre, traído impunemente, mas ninguém lhe tira nada. O que um mestre oferece de mais elevado? Seu exemplo. Traí-lo não é tirar nada dele. É apenas perder seu exemplo. Para alguns, é perder tudo — resta apenas jogar uma pá de cal.

Talvez o mestre esteja na posição de acreditar que tudo pode. E é então que, cego, ele cai. A verdade é que ao mestre nada é permitido. Ele está parafusado num lugar do qual não se desloca. E se ele esquecesse o limite de seu poder, o discurso da histérica, que o azucrina, está aí para lembrá-lo disso.

Passo agora ao Lacan histérico.

Sim, a fala de Lacan é histérica, pelo menos por esse traço: ela é autêntica. A palavra está desgastada desde o existencialismo. Mas não poderíamos reavivar um pouco esse esplendor maculado? A verdade é demonstrável? As provas a fatigam, dizia o pintor Braque. As mesmas palavras de Lacan, roubadas, saqueadas, tiradas de seu discurso, que nunca compôs algo que soasse verdadeiro? Todos aqui somos um pouco gralhas vestidas com plumas de pavão. Mas as gralhas continuam gralhas e o pavão não deixa de ser pavão.

Para o ouvinte, e mesmo para o leitor do *Seminário*, qual discurso hoje não parece caminhar paralelamente ao de Lacan? Fingimos pensar, fingimos saber, murmuramos, recitamos, mal colocamos os pés de volta na rotina, em nome da escrita, rabiscamos. A verdade — a verdade prestes a sorrir.

Há alguns portanto que, quando os ouço, quando os ouço murmurar como colegiais, ou inflar a voz e bradar, digo a mim mesmo que são o que na tradição filosófica se chama de sofistas. Lacan dizia ontem que não se pode mais saber o que era um sofista. Mesmo assim é uma figura da tradição.

A sofística, na tradição, é a arte de simular o pensamento ao falar. E como verificar que uma ideia não é um semblante de ideia? Como discriminar um pensamento e seu simulacro? Como distinguir entre Lacan e o primeiro fal-

Teoria de lalíngua

sário que apareceu? Será por isso que alguns filósofos são misantropos? Trata-se ainda de teatro, mas de outro gênero. Então, é preciso admitir o seguinte: não existe marca alguma instituída que pontue no discurso o "sotaque de verdade". O sotaque de verdade está nas entrelinhas. "Na verdade, quem se faria testemunha do sotaque da verdade?", escreve Lacan. O sofista é aquele que faz como se isso não se visse. Ele pode partir de tudo, do gozo, da pintura, da topologia. Ele acha que existe "pensamento-pronto" [*prêt- -à-penser*] — isto se diz *ready-made*.

Se em Lacan não se vê nada disso, basta sair com seu gato ao anoitecer, quando se sabe que todos são pardos.

Fingir saber, fazer *do* saber semblante, é a impostura na qual se sustenta o discurso da universidade. E entendemos o porquê: por ali o analista, mais do que qualquer outro, está sujeito a aspirar a isso, desesperadamente, ouso dizer.

Mas eis o que não me impedirá de esboçar meu terceiro elogio, ao Lacan educador.

Qual título mais convém ao fundador desta Escola? A palavra é "belo". Qual referência Lacan introduzia há dez anos para justificar isso? Ele foi buscá-la em Fichte.

Mas aqui, talvez porque seja muito difícil para mim dizer as coisas, lerei uma passagem de Nietzsche, extraída de seu texto "Schopenhauer educador":

Se analiso a posteriori a impressão que Schopenhauer me causou, encontro-a formada por três elementos: a impressão de sua probidade, de sua alegria e de sua constância. Ele é íntegro porque fala e escreve para si mesmo, dirigindo-se a si mesmo. (Com certeza diríamos isso de outro modo.) Ele é alegre porque conquistou por meio do pensamento a mais difícil das vitórias. Ele é constante porque não pode não ser. Sua força ergue-se direta e sem esforço, como uma chama no ar tranquilo, segura de si, sem tremor, sem inquietude. Ele encontra de modo infalível o seu caminho, sem que tenhamos nem sequer notado que ele o buscava. Ele se lança firmemente aí, de modo vivo, por uma impulsão irresistível, como que movido por uma lei de gravitação. E qualquer um que tenha sentido o que é, em nossa época de humanidade híbrida, encontrar um caráter íntegro, coerente, dotado de suas próprias articulações, isento de hesitações e de entraves, certamente entenderá minha felicidade e minha surpresa no dia em que descobri Schopenhauer.

Chego ao quarto elogio a Lacan: o analista. E sem dúvida para falar disso com propriedade seria preciso ser um de seus analisantes. Serei breve. Direi apenas: quem aparece melhor em seu destino de objeto *a*? O que demonstra a

Teoria de lalíngua 87

esse respeito sua função no discurso analítico é esse fato: aqueles que o deixaram tornaram-se mudos ou mudaram de discurso.

Então elogiarei nele, mais do que o analista, o analisante, porque nós todos o conhecemos. Ele é aquele que dá um seminário na praça de Paris. Lacan, em seu Seminário, é o analisante, ele o disse, de seu *não quero saber nada disso*. E seu auditório o apoia com o fascínio do olhar — o que certamente faz uma diferença em relação ao estatuto do objeto *a* na análise propriamente dita.

Falei há pouco do Lacan educador. Seria fácil para mim inverter a coisa e falar do Lacan colegial. Falei do Lacan histérico. Eu poderia dizer: o mestre que não se esquiva da solicitação da histérica. Por fim, falei do Lacan mestre/senhor, e poderia falar do Lacan escravo, quero dizer, o nosso.

Lacan destacava, no início de seu Seminário do ano passado, que *dupe* [tolo] só se diz no feminino. Completarei essa observação na mesma língua, pois em francês *fat* [fátuo] só se diz no masculino. O que é a fatuidade? É nunca querer ser posto à prova. É tomar-se tão bem pela verdade que as provas começam a lhe cansar. Beatitude, suficiência...

E, no entanto, quem senão essa mesma figura pede provas a Lacan? Mas nós acreditamos fazer muito ao escutá-lo, ao segui-lo, ao sermos membros de sua Escola. É preciso pensar que ele, Lacan, "o mestre", tem um mestre feroz que o pressiona, que lhe tira o fôlego, que exige dele ainda mais façanhas. Mas vou parar por aqui. Envergonhar, Lacan dizia que era seu ofício.

Tentarei agora entrar no meu tema e o tomarei por um ponto qualquer. Entender se opõe a interpretar, assim como o discurso do mestre se opõe ao discurso do analista. O que é entender? Para ilustrar, recorro a um texto de Cícero, de seu *Acadêmica*, que nos dá uma imagem viva disso. Eis o que escreve Cícero:

Exceto o sábio, ninguém sabe o que quer que seja, e isso Zenão mostrava com um gesto. Ele mostrava a mão com os dedos esticados. Aí está a representação, *visum*, dizia. Em seguida, dobrava novamente os dedos um pouco, dizendo: aí está o assentimento, *assensos*. Logo depois, ao fechar a mão completamente, mostrando o punho, declarava que ali estava a compreensão, *comprehensio*. Por isso lhe deu o nome de *catalepse*, que não era utilizado antes. E então aproximava a mão esquerda e a mão direita, fechando com força o punho e dizendo que aquela era a ciência, *scientia*, que ninguém além do sábio possui.

Não conheço mais belo emblema da ciência do que esse punho cerrado. O conceito é a apropriação do real — é

Teoria de lalíngua

assim que o discurso do mestre formula o sentido do conhecimento.

Agora, o que frustra essa tomada, esse domínio do conceito senão a própria língua? — a rebelde, a incontrolável.

Se Leibniz, que sempre concebeu a filosofia a serviço dos mestres, foi lógico, reconhecido precursor da matematização da lógica, foi por ter se votado à tarefa de dominar a língua. Como Leibniz diz isso? Ele o diz exatamente como Frege: a língua é imperfeita. E é um fato da língua que ela permita falar para não dizer nada e dizer o que não se sabe e mais ou menos o que se sabe.

Esse fato deixa aberta, diante de todo enunciado, a questão de sabermos se se trata do pensamento ou do *simili* do pensamento. Ele é, pode-se inicialmente dizê-lo assim, imputável à divisão entre a gramática e a lógica. Se a primeira se reduzisse à segunda, não poderíamos mais dizer falso, pelo menos sem que isto se veja, sem que isto se ouça.

É o sonho dos filósofos. É essa língua que Leibniz imagina em vários textos e que ele chama, em seu pequeno escrito "Prefácio à ciência geral", "a língua que fecharia a boca dos ignorantes". Não é esse o projeto que a logística retomava? O de que, se reformulássemos nessa língua artificial as propriedades enunciadas em uma língua natural, o falso se reconheceria pelo que é e o sem sentido se esvaeceria, não seria mais formulável.

O que é certo é que a língua artificial, longe de impedir que se fale para não dizer nada, só faz isso. E ela faz questão disso. O problema é que Leibniz acredita que ela pode ser não só escrita — e é verdade — mas também pronunciada, e servir à comunicação; que ela substituirá as línguas naturais. É precisamente o que não é demonstrado.

Pode-se aqui levantar a questão que não faria mal como tema para a contribuição de uma academia: uma língua cuja gramática não se confundisse com a lógica poderia ser falada?

O que começou com a descoberta de Freud é outra abordagem da linguagem, outra abordagem da língua, cujo sentido só veio à luz através da retomada que dela fez Lacan. Dizer mais do que se sabe, não saber o que se diz, dizer algo diferente do que se diz, falar para não dizer nada — nada disso está mais no campo freudiano das falhas da língua, que justificam a criação das línguas formais. São propriedades inelimináveis e positivas do ato de falar. Psicanálise e lógica — uma se constitui no que a outra elimina. A análise encontra seu bem nas latas de lixo da lógica. Ou ainda: a análise desencadeia o que a lógica domestica.

A concepção lógica da linguagem, digamos que ela tem como pivô a ideia de universo do discurso.

De onde vem a noção de universo do discurso? Todo discurso evoca, convoca, estabelece objetos. Se alguém supõe

Teoria de lalíngua   91

que esses objetos formam um campo e que esse campo é unificado, aí está o universo do discurso. Cada discurso é relativo ao universo em que toma seus objetos. Esse universo pode se estender ou se encolher, mas existe a partir do momento em que um discurso se inicia.

Alguém se perguntará se esse discurso cria o universo ou se o universo vem primeiro. Aqui, pouco importa. Boole escreve no capítulo 3 de seu *As leis do pensamento*: "Em cada discurso há um limite implícito ou explícito no interior do qual os sujeitos das operações do espírito estão confinados".

A partir daí, qual é a extensão máxima do universo do discurso? Aquela que o leva a coincidir com a suposta extensão do todo, o qual o outro visava ao anunciar: "Vou falar de tudo".

É nesse universo total, talvez reservatório insondável de tudo o que pode haver a dizer, que cada discurso, acredita-se, seleciona seu universo particular. Cada enunciado constitui uma extração no universo total do discurso. O discurso mais suave, diz Boole, sem entraves, *unfettered* [irrestrito], é "aquele em que as palavras que utilizamos são ouvidas na acepção mais vasta e por meio das quais os limites do discurso são coextensíveis aos do próprio universo".

Eis, portanto, o que supõe a noção de universo do discurso: que existe o conjunto dos objetos do discurso, que esse conjunto é unificado, totalizado, e que o dizer é

92   A terceira | *Teoria de lalíngua*

raciocínio e até cálculo. O que é calculado? Classes, ou seja, seleções. A primeira seleção é aquela que confere a maior totalidade em si mesma; a penúltima é a que dá os indivíduos; a última é a que dá o conjunto vazio. É então que se pode simbolizar pelo Um a classe máxima do universo, aquela em que todos os indivíduos se encontram abrigados, e pelo zero aquela em que ninguém se encontra.

Essa concepção unifica assim todas as operações da linguagem sob as espécies da classificação. Essa unificação pode se dizer em termos de topologia, se admitimos que uma classe é um conceito representável por um caminho fechado, por um circuito. E, no universo booleano do discurso, todos os circuitos são homótopos, ou seja, por deformação todo discurso pode coincidir com outro. E mais: pode ser contraído em um ponto.

Essa é a tópica do conceito, a da representação e da compreensão, a tópica da catalepse.

Faço então a pergunta: por que a tópica lógica não poderia ser a da língua, a tópica analítica?

A ideia leibniziana da língua nova se realiza. São as línguas formais, que existem realmente. Mas cada um sabe hoje que elas não podem ser faladas e não são escritas. A língua com a qual Leibniz sonhava, "sem equivocação nem anfibologia", a língua em que tudo o que se diz inteligivelmente é dito da maneira apropriada, a língua do *De arte*

Teoria de lalíngua 93

combinatoria, é uma língua sem enunciação possível. É um discurso sem palavras.

É por saber disso que a linguística começou com Chomsky a se matematizar, a formalizar as línguas naturais.

Esse empreendimento, cuja audácia e frescor impressionavam há apenas dez anos, encontra hoje seus limites e revela seus impasses no momento em que sua vitória é mundial no discurso da universidade. A adjunção interminável de cláusulas suplementares a cada uma de suas transformações a torna um instrumento impossível de manejar; é o que o meu amigo Jean-Claude Milner havia explicado um dia em uma intervenção no Seminário de Lacan.

Se bem que a questão é atual: qual é, portanto, na língua, o real rebelde à formalização? A gramática chomskiana, desde *Estruturas sintáticas*, caixa preta que rejeita sem falha os enunciados agramaticais, não é senão o sujeito suposto saber na língua. Mas o mínimo chiste, o menor efeito classificado por Jakobson como *poético*, basta para frustrar essa instância. Não, não existe sujeito suposto saber na língua, não há catalepse da língua, não existe domínio da língua. Por quê? Porque não existem, na língua, dois ditos que sejam semelhantes. Na dimensão da língua, o princípio leibniziano dos indiscerníveis se aplica sem reserva. Não existem, na língua, dois sons, duas palavras, duas frases discerníveis *solo numero*.

Quando digo e quando repito, não é a mesma coisa que digo. Quando cito Lacan, não digo o que Lacan diz. A cada vez que Planchon lança, em seu último *Tartufo*, "Ah, para ser devoto, não sou menos homem", quem não percebe que esse verso nunca, jamais foi pronunciado? O véu cai um instante e é o objeto escondido da comédia que vem subitamente à cena. Quando se lê, em *Sertorius*, de Corneille — o verso veio a calhar e agradeço a quem o indicou a mim —, "Ah, para ser romano, não se é menos homem" (foi Molière quem copiou de Corneille), "homem" muda de sentido. Não é o homem fálico da comédia, mas o homem da "humanidade", o homem patológico. O homem mudou de uma frase para a outra. Não há nenhuma palavra que eu não possa fazer significar o que quer que seja se minha frase for suficientemente longa, dizia ontem Lacan em seu novo discurso — texto tão adiante do espírito de nosso tempo que nos exigirá muito mais tempo para nos aproximarmos do que ele nos designa do que foi necessário para que o primeiro discurso de Roma começasse a passar para a doxa.

Do que nós gostamos no teatro? Talvez seja que cada encenação demonstra como a mesma cadeia significante é dobrável e que não há monumento da linguagem que a *equivocação* e a *anfibologia* não corroam, não metamorfoseiem. Consolamos os autores ao lhes erigir estátuas, mas o sentido, o primeiro, está perdido.

Teoria de lalíngua 95

A teoria da língua é apenas essa tese de Saussure tomada a sério: "Na língua só existem diferenças". A primeira consequência que o próprio Saussure tira disso é que a língua não é substância. Mas o que pode ser isso, diferenças sem termo positivo? É a mesma questão que a seguinte: o que é um significante? A definição lacaniana do significante — "um significante representa o sujeito para outro significante" — é manifestamente um círculo vicioso. É que não se pode definir *um* significante, e sim pelo menos dois, S_1 e S_2, o mínimo para haver uma diferença. Essa definição do significante pode, portanto, ser dita exatamente *aconceitual*. É a definição de um termo que não nos permite tornar a fechar a mão sobre ele. Acrescento: no discurso de Lacan, não há um termo que não seja definido desse modo — e a mão de Zenão continua aberta, os dedos apenas se dobram.

Foi primeiramente nesse sentido que Lacan criou essa palavra, acrescentou à língua essa palavra: *lalíngua*,* em uma só palavra — unindo desse modo o artigo definido singular ao próprio vocábulo. Dir-se-á, como ele, "a *lalíngua*", "cada *lalíngua*", porque cada lalíngua é incomparável a qualquer

---

* Em português, a anteposição do artigo "a", como com o *la* em francês (*la langue*), introduziria uma conotação de negação que não existe em francês, por isso se convencionou traduzir *lalangue* por lalíngua, fiando-se na sonoridade.

outra. E Lacan não dá a prova disso em ato ao torná-la incompreensível para nossos amigos, mesmo aqueles que conhecem melhor nosso jeito de falar?

Preciso agora chegar a esse ponto, a essa novidade que fará seu caminho e que Lacan nos explica há pelo menos dois anos, sem que estejamos suficientemente prontos para ouvi-lo: *a linguagem não é lalíngua*.

Que conclusão o estruturalismo tirou da tese saussuriana que eu lembrava há pouco? A seguinte: a definição relacional dos termos implica a solidariedade de todos os termos que entram nessas relações. Se só existem diferenças, cada termo é definido em relação aos outros; a partir daí eles formam um sistema; a estrutura é um sistema, ou seja, para os estruturalistas ela é um todo. Todo objeto estruturalista é elemento de um todo, ou então ele mesmo é um todo formado por partes solidárias. Em resumo, tudo é tudo.

É aí que o estruturalismo de Lacan se distingue do de Jakobson, em que a concepção geral do mundo — é a palavra — supõe um envolvimento infinito de totalidades. Distingue-se dele porque deduz da tese saussuriana levada a sério esse matema que se escreve S(Ⱥ) e que pode ser traduzido para a circunstância por essa proposição que Lacan enunciou há alguns anos: nada é tudo.

Gostaria de fazer aqui uma dedução rápida, mas o tempo me pressiona, e passo adiante. Digamos simplesmente que, se

Teoria de lalíngua

só existem diferenças, se um elemento só se situa ao se diferenciar de outro, então em qualquer todo haverá *um* a menos.

Toda apropriação [*mainmise*], toda compressão do significante, S, em um conjunto A, cria uma perda, notada como S(Ⱥ). Ora, justamente a mão, a mão que se fecha, está sempre aí, pois existimos no discurso do mestre. Nesse sentido o discurso do mestre é a condição mesma do inconsciente. E o esquema do discurso do mestre, aquele que Lacan articulou em quatro elementos — não vou lembrá-lo aqui —, poderia ser o matema mesmo da linguagem. Inclusive, esse esquema já não se encontra esboçado no livro *Os quatro conceitos fundamentais da psicanálise*, figurando o *fading* do sujeito na cadeia significante?

Apresso o passo para chegar a esta noção que gostaria de isolar aqui como fundamental na teoria de lalíngua: a *multiplicidade inconsistente*.

A inconsistência de lalíngua é o que Tarski demonstra no início de seu artigo princeps sobre a função da verdade, antes de montar a maquinaria de sua linguagem formal. Mas o próprio Cantor havia, talvez, visto mais longe em uma carta a Dedekind que citarei brevemente aqui.

O ponto de partida é o de uma multiplicidade determinada. Segundo Cantor, distinguem-se dois tipos. O primeiro é tal que permite pensar a totalidade de seus elementos existindo simultaneamente. Ela funciona, portanto, como

98   A terceira | Teoria de lalíngua

um só objeto, uma unidade. É, diz Cantor, uma multiplicidade consistente, ou seja, um conjunto. O segundo tipo não permite reunião. A hipótese de uma existência simultânea de todos esses elementos conduz a uma contradição. É, diz Cantor, uma multiplicidade absolutamente infinita ou inconsistente. A multiplicidade inconsistente já tem, portanto, suas credenciais nos limites da teoria dos conjuntos que, no entanto, só pode ser construída esvaziando-a.

É preciso mensurar aqui o passo dado por Cantor com a suposição das multiplicidades inconsistentes. É que assim se encontrava desfeito um laço antigo, necessário à lógica, entre o Ser e o Um. De modo singelo, Leibniz escrevia em uma carta a Arnauld: "Para ir direto ao assunto, sustento como um axioma essa proposição idêntica que só é diversificada pela ênfase, saber que isso que não é verdadeiramente 'um' ser não é verdadeiramente um 'ser'". A ênfase na primeira parte é sobre o "um", na segunda parte é sobre a palavra "ser". É o próprio Leibniz quem diz não ver ali senão diferença de ênfase.

Pensar o inconsistente — abreviemos a coisa, por que não?, pelas três letras ICS —, pensar o ICS como um *ser* sem pensá-lo como *um* ser é, portanto, derrogar o axioma leibniziano. É introduzir entre os seres inteiros, unitários, um ser disjunto, cujos comportamento, aparência e manutenção transgridem, e que exige do espaço e do tempo uma estética nova.

O ICS é Um em Dois. Ele é feito de partes ao mesmo tempo incompatíveis e inseparáveis. É um ser que não pode

Teoria de lalíngua

ser compartilhado nem reunido, um turbilhão ou uma comutação.

É nesse ponto que eu tinha a intenção — mas fui lento demais para ter tempo de fazê-lo hoje — de reconectar alguns dos temas que me retinham outrora quando uma harmonia nova, durante um período, cobriu para mim a voz de Lacan.

Há alguns anos, de fato, eu havia promovido, a partir do discurso de Lacan, a lógica do significante — teria me agradado ler para vocês aqui trechos de uma exposição de forma monológica sobre esse tema. Talvez essa oportunidade surja em outro lugar, passo adiante. O termo disso era ainda esse matema do $S(\text{Å})$ — do qual não quero fazer o alfa e o ômega do discurso de Lacan. Esse matema registra exatamente o significante do que não é integrável ao universo do discurso, o significante da heterotopia do suposto universo do discurso. E é assim que penso ser possível mostrar como, sucessivamente, esses termos diferentes — o sujeito, o objeto, o Nome-do-Pai e o falo — podem ser inscritos nesse lugar, como os tantos (não tenho outra palavra) modos de ser da falta, e talvez de modalizações. Por que o nada [*néant*] seria uniforme? Nada [*rien*] é tudo, mas, acrescenta Lacan, "a cada vez de modo diferente". Diversidade do nada [*néant*] — na verdade, é a concepção propriamente dialética.

O Seminário de Lacan: por que são muitos os que têm esse sentimento de que, quanto mais a coisa muda, mais é a mesma coisa? A meu ver, quanto mais ele é a mesma coisa, mais a coisa muda, o Seminário de Lacan. É do ventre fecundo de S(Ⱥ) que surge esse discurso, quer dizer, do ponto irredutível de um *não quero saber nada disso*.

Por que às vezes todos temos dificuldade de nos aproximar desse discurso? Será que é porque nos perguntamos "O que é?" — o que é o real, o que é o significante, o que é o falo? Buscamos substâncias, e suas definições. Nunca encontraremos nada além de círculos viciosos, pois essas categorias entram umas nas outras como um acordeão — em certo sentido são todas a mesma, em outro podem se diferenciar, talvez infinitamente. Mais vale guardar no bolso sua navalha de Occam.

Destacarei ainda que não havia palavra para designar lalíngua antes de Lacan criá-la. Nenhuma palavra, nem na lógica nem na linguística. Dizíamos "línguas naturais" — essa "natureza" faz rir, e isso já é pensá-la pelo artifício formal. Dizíamos "língua corrente" — ela corre, é verdade, lalíngua, tão rápido que não a alcançamos, e o Aquiles linguista fica esbaforido. Dizíamos também "a língua de todos os dias, a língua da conversação", mas é também a língua da criança no berço, que alicerça todo o edifício da lógica matemática, e pode-se dizer isso sem recair em Husserl. O matemático — filiação da qual talvez não se orgulhasse — é

Teoria de lalíngua

filho do vernacular. Dizíamos também "língua materna", e isso já é bem melhor, claro.

Tarski, que analisa essa língua, cruzou os braços dizendo: "A linguagem natural não é algo acabado, fechado, demarcado por limites claros". E ele explica muito bem, em torno de 1920, que aí está o resgate da universalidade dessa linguagem natural, uma vez que tudo pode se inscrever nela; ela é necessariamente inconsistente. Uma linguagem universal é necessariamente uma linguagem inconsistente. A maravilha é que sem essa lalíngua não haveria verdade, mas a verdade nessa lalíngua não pode ser definida — ela está ali em ato, livre, desencadeada. Não existe mestre do significante, a não ser, talvez, irrisório, o clown, o bufão do carnaval, ou ainda o "Homem mascarado", talvez mascarado com o rosto da mulher.

Isso pode ser dito da seguinte forma: não existe discurso que não seja semblante.

Há ainda um nome, impróprio, de lalíngua que é preciso reter: dizemos: "a língua nacional". Efetivamente a língua nacional poderia passar por um equivalente de lalíngua. Só que a língua nacional — todas as línguas nacionais — é uma produção histórica do discurso do mestre. Eu precisaria repassar aqui a longa história da luta dos patoás, dos dialetos contra a língua nacional, da língua nacional contra eles em primeiro lugar, pois ela visa a estandardizar a comunicação com fins econômicos, políticos. E é verdade que essa história permanece por escrever — história da opressão pela língua do mestre, da resistência também —, ali onde há opressão, há resistência, não é mesmo? E, enfim, é sempre lalíngua que triunfa, pois ela acaba unindo lado a lado a linguagem cultivada e a gíria. Eu evocaria, se tivesse tempo, Du Bellay para a nossa língua, e, para o tão difícil nascimento da língua italiana, falaria de Dante e Maquiavel. Seria preciso também falar da língua inglesa e das outras.

Uma voz — E a confusão das línguas. Suponho que Lacan não se importe muito com o que contamos sobre ele. Mas acho que é um suicídio para os participantes!

Jacques-Alain Miller — A Escola é uma organização de maestria, que visa a desnaturar lalíngua, na medida em que se possa tomá-la como língua materna.

A Escola é uma máquina de desmaternalizar lalíngua, pois o mestre nunca deixa de querer fazer com que os seres falantes falem uma língua diferente da sua.

A linguagem — digamos assim, em uma primeira aproximação — é secundária em relação à lalíngua. O que é, portanto, a linguagem?

Renovemos essa velha questão filosófica, talvez a partir de Lacan. A linguagem é o resultado de um trabalho com lalíngua. É uma construção de lalíngua. É, sob a vigilância

Teoria de lalíngua

do mestre, o conceito científico, e aqui universitário, de lalíngua. É a maneira científica de encontrar-se com lalíngua, de tentar entendê-la. Digamos que a linguagem é, com efeito, discurso do mestre, e que sua estrutura é a mesma do discurso do mestre.

É assim que traduzirei primeiramente essa proposição de Lacan na última lição do *Seminário 20*: "A linguagem [...] é uma elucubração de saber sobre lalíngua". A questão de como o mestre mete a mão em lalíngua não é outra senão a de como o Um vem a apreender lalíngua, a quebrá-la, a articulá-la, de como o mestre aí encarna, ganhando corpo de linguagem, ou seja, vem a se escrever. Daí se abre a possibilidade dessas teorias dos elementos da linguagem que chamamos de gramática, ou matemática, ou lógica, pelas quais o ser falante molda seu caminho em lalíngua, conceitualiza-a, mesmo que apenas para alfabetizá-la.

Essa imposição do elemento sobre lalíngua, a fragmentação, a dispersão e a articulação que se seguem, o próprio título da obra de Euclides as lembra: Τά στοιχεῖα, os *Elementos*. Euclides, diziam-no ὁ στοιχειωτής, o "elementador". E é também τά στοιχεῖα, o nome do alfabeto, e todo gramático pode ser dito, com razão, "elementador", "elementor".*

O "elementor" é aquele que, em nome do Um, significante-mestre, domina a língua para dela extrair um conceito de

---

* Em francês, a palavra *élémenteur* equivoca com *menteur*, "mentiroso".

linguagem. Não há contratempos da linguística e da lógica que não devam ser atribuídos ao desconhecimento dos efeitos dessa operação de domínio sobre lalíngua.

Existem muito mais coisas em lalíngua que a linguagem não sabe, diz ainda Lacan: "O que se sabe fazer com lalíngua ultrapassa em muito aquilo de que podemos nos dar conta em matéria de linguagem". O que demonstra isso é o inconsciente, o retórico inigualável.

O inconsciente é feito de lalíngua, cujos efeitos vão além de comunicar, pois eles vão até perturbar o corpo e sua alma, como no pensamento. São mais ou menos os termos de Lacan em *Televisão*, no ano passado.

A questão que deveria ser colocada, há dois anos — talvez Lacan a tenha respondido ontem, mas estava difícil de seguir —, é a seguinte: o que quer dizer, a partir de então, "inconsciente estruturado como uma linguagem"?

Só vejo uma forma de traduzir agora essa fórmula. Ela só é verdadeira se se tratar de inconsciente como aquilo sobre o que o discurso analítico tenta saber, quer dizer, tenta saber sobre lalíngua e seus efeitos. Seria preciso, portanto, dizer — digo-o com precaução — que o inconsciente, justamente dito freudiano, é também uma elucubração de saber sobre lalíngua.

Eu estava prestes a citar aqui, para dar uma ideia das tentativas de dominação das línguas pelo mestre, o relatório

Teoria de lalíngua

da Unesco sobre a vida das línguas no mundo, mas passarei adiante para concluir com algumas palavras sobre lalíngua.

O que é lalíngua? O Bloch e Wartburg, tantas vezes citado por Lacan, indica bastante do que lalíngua é feita. Lalíngua é feita de qualquer coisa, do que se arrasta nos porões assim como nos salões. O mal-entendido está em todas as páginas, pois tudo pode fazer sentido, imaginário, com um pouco de boa vontade. Mal-entendido é a palavra exata. Ele disse *dire* [dizer] ou *Dieu* [Deus]? Será que é *croate* [croata] ou *cravate* [gravata]? *"Was ist das"*? A homofonia é o motor de lalíngua. E é por isso, imagino, que Lacan não encontrava nada melhor para caracterizar uma lalíngua do que evocar seu sistema fonemático.

Dizer "lalíngua" em uma só palavra é justamente designar lalíngua pelo som, lalíngua suposta, aquela anterior ao significante-mestre, aquela que a análise parece liberar e desencadear. Eu teria gostado de evocar agora Feydeau, nosso bom Feydeau, e a peça que muito me agrada, intitulada *Gato no bolso*, na qual vemos em cena, durante duas horas, seres falantes se comunicarem, se rasgarem, se ouvirem e se amarem sem que nenhum deles saiba realmente quem é quem.

Lalíngua é o depósito, a coletânea de vestígios dos outros "sujeitos", ou seja, aquilo por meio do qual cada um inscreveu, digamos, seu desejo em lalíngua, pois o ser falante precisa de significantes para desejar; e do que ele goza? De suas fantasias, ou seja, ainda de significantes. Direi, porque é atual, e é reevocar algo para o qual Lacan teve uma palavra no seminário *Os quatro conceitos*...: todo mundo sabe que comer escalopinho ou *saltimbocca alla romana* não é de modo algum parecido.

Para completar a doutrina de lalíngua seria preciso chegar a esse termo — e será o meu, já que não irei mais longe —, evocar o gozo do significante, o que ele provoca, o que ele constitui...

É aí que se pode mensurar o caminho de Lacan. Esse caminho, quando o fazemos com ele, podemos ter a sensação, às vezes, de impasse [*sur-place*], mas "gozo do significante"... A tese clássica de Lacan, aquela que, ao iniciar os estudos, eu havia copiado, era a seguinte: "O gozo está vedado a quem fala como tal". Essa frase está nos *Escritos*, na página 836. Daí Lacan evocar que o gozo talvez só pudesse ser dito nas entrelinhas. E com o que Lacan nos entretém há dois ou três anos? Com algo que seria, ao contrário do gozo, próprio da fala.

Existe contradição aí? Só um aluno de Zenão acreditaria nisso. Há no discurso de Lacan teses giratórias, e, por não conseguir manter o lado certo da razão, como dizia Rouletabille, vemos apenas fogo. De um ao outro, da frase que diz "O gozo está vedado a quem fala como tal" à ênfase colocada

Teoria de lalíngua 107

hoje sobre o gozo da fala, o gozo do significante, há um caminho que se pode seguir através do Seminário de Lacan.

Passo adiante, por ora, lembrando apenas, para calçar em Freud o caminho de Lacan, que Freud diz, em "Inibição, sintoma e angústia", que o sintoma é gozo. Caso contrário, como explicar a dita reação terapêutica negativa, o suposto masoquismo originário? O sintoma é gozo, mas é também, e Lacan o demonstrou amplamente, nó de significantes. Essas duas proposições colocadas juntas indicam pelo menos uma direção a seguir. Lalíngua, sem dúvida, não mora no lugar do Outro da linguagem. O Outro da linguagem também corre atrás de lalíngua, se exaure para alcançá-la, e o chiste "ganha de lavada".

Gostaria de dizer ainda uma coisa — e abreviarei ao máximo, ou quase — sobre esse vocábulo que divide, me dizem, a Escola Freudiana, este vocábulo: "matema".

A doutrina de lalíngua é inseparável da doutrina do matema. Enquanto lalíngua só se sustenta pelo mal-entendido, no qual vive, de que se nutre, porque os sentidos crescem e se multiplicam sobre os sons, o matema, pelo contrário, pode ser transmitido integralmente, "sem anfibologia nem equivocação", para retomar os termos de Leibniz, porque é feito de letras sem significação.

Apenas o matema, talvez, bastaria para representar o que se diz aqui: em um livro de lógica há o que se traduz e o que não se traduz. O que se traduz é essa linguagem que Otto

Neurath, o Otto imortal das "frases protocolares", chamava de gíria [*argot*], o que se coloca em volta. Em seguida há o que não precisa ser traduzido em um livro de lógica, de uma lalíngua para outra, e é isso o matema. Resta a questão do nome próprio.

Se não houvesse matema da psicanálise, então a psicanálise seria uma experiência inefável. Os analistas nunca teriam a possibilidade de se entender. Eles formariam uma comunidade iniciática, fechada em um segredo. Vocês conhecem a frase de Hegel: "Os mistérios dos egípcios eram mistérios para os próprios egípcios". Pois, se não houvesse matema, os mistérios dos analistas seriam mistérios para os próprios analistas. Cada um se confortaria com a crença de que o outro sabe e só pensaria em dissimular sua insuficiência diante de seu vizinho. Mas tal não poderia ser, evidentemente, o caso da Escola Freudiana. Em seus estatutos figura expressamente que a experiência analítica não poderia ser uma experiência inefável. E quando Lacan diz "matema da psicanálise", não faz nada além de repetir, de um modo talvez mais preciso, o que ele já dizia há dez anos.

Se há um matema da psicanálise, outros que não os psicanalistas podem contribuir com os debates da comunidade que sustenta a experiência analítica. É porque a teoria do matema está no embasamento da Escola Freudiana de Paris que desde sua origem os não analistas — dentre os quais

Teoria de lalíngua 109

eu me incluo, aqueles que "não estão envolvidos no ato analítico", como me jogava na cara um daqueles que tendem um pouco demais a tomar a psicanálise por uma renda garantida —, os não analisantes, tiveram, desde a fundação, seu lugar na Escola Freudiana. E me parece que continuarão a ter enquanto a Escola Freudiana for fiel à sua orientação.

O que eu pude desenvolver aqui, retomarei no departamento dito do Campo Freudiano em Vincennes, e, se puder, na Escola Freudiana de Paris.

Para concluir, direi apenas que, sem dúvida, lalíngua como tal não tem referência. É por isso que cada discurso fundamental lhe inventa uma. É seu semblante, colocado no lugar de agente. Mas não passa de uma forma de o fazer falhar para cada um. A própria psicanálise certamente não é esse discurso que não seria semblante. Ela também toma seu ponto de partida em um semblante, o objeto *a*. Como qualquer outro discurso, a psicanálise é um artifício. Ela é um certo modo de abordar lalíngua. O privilégio para a psicanálise, tal como Lacan a define, é o de ser esse viés que tem a vocação de fazer falhar os semblantes. Isso pressupõe que ela não se remeta ao seu, porque, no final das contas, seu próprio semblante, para ela, é abjeção.

É por isso que a virtude de *honestas* é necessária ao seu exercício, com o qual Lacan sonha, não é mesmo? Foi assim que ele terminou seu *Televisão*, alvejando os "canalhas".

CAMPO FREUDIANO NO BRASIL

- Os complexos familiares
- Nos confins do Seminário
- Escritos
- Estou falando com as paredes
- Meu ensino
- O mito individual do neurótico
- Nomes-do-Pai
- Outros escritos
- O Seminário

Livro 1: **Os escritos técnicos de Freud**

Livro 2: **O eu na teoria de Freud e na técnica da psicanálise**

Livro 3: **As psicoses**

Livro 4: **A relação de objeto**

Livro 5: **As formações do inconsciente**

Livro 6: **O desejo e sua interpretação**

Livro 7: **A ética da psicanálise**

Livro 8: **A transferência**

Livro 10: **A angústia**

Livro 11: **Os quatro conceitos fundamentais da psicanálise**

Livro 16: **De um Outro ao outro**

Livro 17: **O avesso da psicanálise**

Livro 18: **De um discurso que não fosse semblante**

Livro 19: **... ou pior**

Livro 20: **Mais, ainda**

Livro 23: **O sinthoma**

- **Televisão**
- **O triunfo da religião**

Jacques Lacan

- **A batalha do autismo**

Éric Laurent

- **Lacan elucidado**
- **Matemas I**
- **O osso de uma análise**
- **Percurso de Lacan**
- **Perspectivas do Seminário 23 de Lacan**
- **Perspectivas dos Escritos e Outros escritos de Lacan**

Jacques-Alain Miller

- **Lacan redivivus**

Jacques-Alain Miller
e Christiane Alberti

- **A inibição intelectual na psicanálise**

Ana Lydia Santiago

ESTA OBRA FOI COMPOSTA POR MARI TABOADA EM DANTE PRO E IMPRESSA EM OFSETE PELA GRÁFICA PAYM SOBRE PAPEL PÓLEN BOLD DA SUZANO S.A. PARA A EDITORA SCHWARCZ EM DEZEMBRO DE 2022

A marca FSC® é a garantia de que a madeira utilizada na fabricação do papel deste livro provém de florestas que foram gerenciadas de maneira ambientalmente correta, socialmente justa e economicamente viável, além de outras fontes de origem controlada.